Astrid Krömer

Was sagt der Tiger?

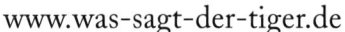www.was-sagt-der-tiger.de

Astrid Krömer

Was sagt der Tiger?

Kinder und Jugendliche
lernen Kreatives Schreiben

Autorenhaus

Bibliografische Information der Deutschen Nationalbibliothek
Die Deutsche Nationalbibliothek verzeichnet diese Publikation
in der Deutschen Nationalbibliografie; detaillierte bibliografische
Daten sind im Internet unter www.dnb.d-nb.de abrufbar.

Umschlagabbildung: mauritius images
Umschlaggestaltung: Sigrun Boenold

ISBN-10: 3-86671-015-1
ISBN-13: 978-3-86671-015-3

Originalausgabe
© 2006 Autorenhaus Verlag GmbH, Berlin

Umwelthinweis: Dieses Buch wurde auf chlorfrei gebleichtem,
säurefreiem Papier gedruckt.
Satz: Type & Buch Kusel, Hamburg
Druck und Bindung: Ebner & Spiegel GmbH, Ulm

INHALT

Schreib! Schreib! Schreib, so viel du kannst!

Hast du dich schon einmal mit einem Tiger unterhalten? Würdest du gerne selbst einer sein und wissen, wie ein Tiger denkt und handelt? Möchtest du gerne über Abenteuer schreiben? Über andere Beziehungen und Liebe? Vielleicht sogar über Sex? Das ist nämlich genau das Thema, das neben Fußball und Technik vor allem Jungen interessiert.

Das interessiert dich nicht? Gut. Es gibt sowieso keine richtigen oder falschen Geschichten, höchstens langweilige. Und darüber entscheiden die Leser.

In meinen Schreibgruppen werde ich immer wieder gefragt, ob ich für Kinder schreibe. Nein, erkläre ich dann, ich schreibe nicht *für*, sondern *mit* Kindern und Jugendlichen. Als ich mit der Zusammenstellung von Texten junger Autoren begann, plante ich zunächst nur eine Geschichtensammlung. Aber mehr und mehr wurde mir bewusst, dass dies nur ein Teil von dem war, was ich machen wollte. Ich wollte auch jenen Kindern und Jugendlichen, die sich noch nicht an das Schreiben von Texten gewagt haben, Mut machen, selbst Geschichten zu schreiben.

Hier könnt ihr unterschiedlich lange Texte von jungen Schreibtalenten lesen, manche sind sogar schon bei Wettbewerben ausgezeichnet worden. Sie erzählen von Freundschaften, Mutproben, Anderssein, von Düften, die an Weihnachten oder an einen Urlaub in warmen Ländern erinnern, von Glück und der ersten

Liebe. Es wird Gruseliges und Schauerliches erzählt, das bis zum Ende spannend ist.

Geschichtenschreiben kann man lernen. Es ist kein Geheimnis, und es ist aufregend wie eine Schatzsuche. Denn Edelsteine gibt es in deiner Fantasie jede Menge, es gibt glänzendes Gold und schimmerndes Silber, das nur von dir ans Licht gebracht werden kann. Mach dich ans Werk!

> *Was sagt der Tiger?* lädt dich zum Mitmachen bei Schreibspielen ein und stellt gleichzeitig Beispieltexte vor.

> Anschließend sollen Geschichten zu einem bestimmten Thema geschrieben werden, wie es oft bei Schreibwettbewerben verlangt wird. Hier kannst du erkennen, dass Texte so verschieden sind wie die Autoren, die sie sich ausgedacht haben. Und es ist sogar die Entstehung einer Geschichte dabei, die du als Rohfassung und dann als Endfassung lesen kannst. Dazwischen lagen mehrere Überarbeitungen, bei denen die junge Autorin ganz schön ins Schwitzen kam.

> Es folgen Geschichten, die bereits bei Schreibwettbewerben in Deutschland und Österreich ausgezeichnet worden sind, die dir zeigen, mit welchen Texten andere junge Autoren bereits Erfolg hatten.

> In »Tricks und Tipps« erfährst du, worauf du beim Schreiben achten solltest, warum Krisen und Konflikte mit in eine Geschichte gehören und dass »schön« ein ganz schön oberflächliches Wort ist. Du erfährst außerdem, wie wichtig die Namens- und Titelsuche ist.

Schreiben kann man fast überall und jederzeit. Du brauchst nur ein Stück Papier und einen Stift. Worauf du sonst Notizen machen kannst? Auf Gratispostkarten, auf die Innenseite einer Verpackung, sogar auf die Rückseite eines Kassenbons oder eines Kuverts.

Schreiben wirst du, sobald dir etwas Neues einfällt, lustige Ideen, freche Dialoge, witzige Erlebnisse. Und dein Schreibmotto heißt: *Nie wieder Langeweile!* Schreib, wenn dir bei öden Erwachsenenveranstaltungen etwas Interessantes, Seltsames, Irritierendes auffällt – vielleicht wirst du später sogar für deine scharfe Beobachtung gelobt? Schreiben macht Spaß, wenn an einem verregneten Ferientag alle Freunde verreist sind. Es lenkt dich ab, wenn du krank im Bett liegst, beschäftigt dich, wenn du irgendwo warten musst.

Schreiben hilft auch gegen Kummer, gegen Trauer, und es macht Mut. Alles wird möglich, wenn man auf Papier träumen kann.

Schreiben hilft gegen Wut, kann Waffe oder Blitzableiter sein. Schreiben hilft dir, deine Gedanken zu ordnen, Situationen durchzuspielen, Alternativen darzustellen. Es kann deine Einstellung verändern, du erkennst plötzlich Lösungen für ein Problem, findest die richtigen Worte, um deinem Gegner die Meinung zu sagen.

Nutze jede Gelegenheit zum Schreiben. Schreibe dich in Gästebücher ein, zum Beispiel in Museen, Sternwarten oder Schlössern. Schreibe ein paar Sätze über etwas, das dir aufgefallen ist, was du gut oder schlecht fandest. Schreib ein Gedicht, und wenn du es gut genug findest, male es auf dein T-Shirt. Nutze die ganze Seite in Poesie- und Freundschaftsbüchern aus, schreib, was dir am Herzen liegt, was dir wichtig ist. Schreib deinen Text rundherum im Kreis oder als Schlangenlinie von oben nach unten. Nimm Zeitschriften vom Altpapier, schneide Wörter und

Schlagzeilen aus. Gestalte damit einen Brief als Collage aus Wörtern und Bildern und sende ihn einem Freund oder einer Freundin.

Schreib mit verschiedenen Stiften und Farben – mal dünn, mal dick, in Rot, Blau, Gelb, Schwarzgrau, Eisgrün. Wirkt derselbe Text in unterschiedlichen Breiten und Farben nicht gleich ganz anders?

Hast du einmal keine Idee, helfen dir die Schreibspiele. Interessiere dich auch für andere Bereiche als deine Hobbys, Freunde und Bekannten. Wenn du Sport treibst, mache Schwimmen, Reiten oder Kanufahren zum Thema deiner Geschichte. Interessieren dich Naturwissenschaften, beziehe dein Wissen mit in deine Geschichte ein. Kennst du ungewöhnliche Menschen? Sie können dich zu interessanten Figuren in deinen Geschichten inspirieren. Bist du an Reisen interessiert, dann beschreibe fremde Landschaften, Gebräuche, Menschen und Tiere. Was du selbst erlebt hast, aus der beobachtenden Distanz beschrieben, wirkt glaubwürdig und überzeugt deine Leser.

In dem Lied »Schrei« singt der junge Frontsänger von Tokio Hotel: »Schrei! Schrei! Schrei, so laut du kannst!« Und ich rufe dir zu: *Schreib! Schreib! Schreib, so viel du kannst!* Höre nicht auf, bevor deine Geschichte zu Ende ist, dann werden deine Texte immer besser, und es wird dir mit der Zeit leichter fallen, gute Anfangs- und Schlusssätze zu finden, es wird dir Spaß machen, gute Überschriften und Titel zu suchen. Und es wird dich stolz und glücklich machen, wenn deine Leser deine Geschichten in einem Zug ohne Pause von Anfang bis Ende lesen.

Viel Spaß beim Schreiben und Lesen wünscht dir deine

Astrid Krömer

Schreibspiele und Geschichten

Es gibt viele spannende und lustige Schreibspiele, manche machen besonderen Spaß in einer Gruppe, zum Beispiel wenn es dabei um ein Rätsel geht: Alle Teilnehmer erhalten verdeckte Karten mit Abbildungen von Tieren und sollen das Tier auf der von ihnen gezogenen Karte beschreiben, ohne dessen Namen zu verraten. Dabei ist alles erlaubt: Man kann schreiben, wie das Tier aussieht, was es frisst, wo es lebt, welche Laute es von sich gibt. Wer möchte, kann sein Tier gleich mit in seine Geschichte übernehmen. Wem das gelingt, der zeigt viel Fantasie – oder hat einfach Glück, weil ihm spontan eine Verbindung dazu eingefallen ist. Denn nicht immer klappt es gleich mit einer passenden Idee. Vor allem, wenn man alleine zu Hause am Schreibtisch sitzt, den Stift schon bis zur Hälfte abgekaut oder die Finger so mit Tinte verschmiert hat, dass es nur noch eine Frage der Zeit ist, wann man den Stift in den Müll wirft oder sich die nächste halbe Stunde damit vergnügt, die Tinte von den Händen abzurubbeln.

Die Schreibspiele, die du alleine machen kannst, werden dir Spaß machen, weil du damit in weniger als einer halben Stunde eine Geschichte entwickeln kannst. Darum geht es hier: um die Lust am Schreiben und darum, dass du Kreatives Schreiben leicht lernen kannst. Den Beweis dafür erbringen die Texte von Kindern und Jugendlichen, die diese Schreibspiele bereits ausprobiert haben, und die Leser, die sie gut fanden.

◆ Kopflos – Schnellschreibgeschichten

Du möchtest eine Geschichte schreiben, weißt aber noch nicht genau, um was es darin geht, du hoffst auf einen Geistesblitz und – nichts passiert. Der Horizont bleibt leer, kein Bote fliegt vorbei und bringt Erleuchtung. Überhaupt, der Himmel scheint sich gegen dich verschworen zu haben. Dein Kopf steht dir im Weg! Zu lange hast du hin und her überlegt. Du kritzelst den ersten Satz, dann ein paar weitere, und nach einer halben Ewigkeit ist endlich eine Seite voll. Aber jetzt will dir kein Ende einfallen. Du bist enttäuscht und entmutigt. Lass es nicht so weit kommen!

Wenn kein Thema vorgegeben ist, dann gibt es einen Trick. Er lautet: Schreib gegen die Zeit und ohne lange nachzudenken eine Schnellschreibgeschichte.

◇ Schreibspiel: Schnellschreibgeschichte

Eine Schnellschreibgeschichte muss man nicht vorbereiten. Gib dir eine Viertelstunde, maximal 20 Minuten Zeit. Außerdem brauchst du einen roten Faden, eine Art Gedankenseil, an dem du dich entlang hangelst, um nicht in die Leere deines Blattes zu stürzen. Dein roter Faden ist ein kurzes Wort, das dir gefällt und höchstens zwei Silben hat: Blume, Pferd, Pizza. Oder suche dir einen kurzen Namen: Tim, Sarah, Anne. Schreib die einzelnen Buchstaben des Wortes untereinander auf ein Blatt. Jetzt hast du die Anfangsbuchstaben, zu denen du nun wiederum Wörter suchst, die dir schnell und ohne Zögern in den Sinn kommen.

Bei dem Wort TIERE   → Akrostichon
könnte das so aussehen: oder so:

T	iger	T	omatensuppe
I	gel	I	ch
E	nte	E	idechse
R	eh	R	ot
E	lefant	E	inigeln

Sobald du für jeden Buchstaben ein neues Wort gefunden hast, schreibst du eine Geschichte, in der alle Wörter, die dir zu den Buchstaben eingefallen sind, enthalten sind. Schnell! Es geht um Zeit. Leg los!

Übrigens: Jede Wortart ist erlaubt: Hauptwörter, Zeitwörter, Eigenschaftswörter … (wenn du die lateinischen Begriffe verwendest: Substantive, Verben, Adjektive …). Einzelne Wörter dürfen in deiner Geschichte wiederholt werden. Du kannst sie in beliebiger Reihenfolge in deine Geschichte einbauen, sie verändern (Einzahl zu Mehrzahl oder andersherum).

Noch ein praktischer Tipp: Markiere jedes »eingelöste« Wort mit einem Häkchen. So erkennst du, ob du alle Wörter mindestens einmal eingesetzt hast.

Hat dir das Spiel mit den kurzen Wörtern Spaß gemacht? Dann kannst du dir neue Varianten ausdenken:
> Zum Beispiel mit zusammengesetzten Hauptwörtern: *Kartoffelkäfer*, *Matschkugeln*, *Himmelskörper*. Schaffst du das wieder

in 20 Minuten? Das erscheint dir wahrscheinlich schwieriger, weil nun erheblich mehr Wörter vorkommen müssen. Doch du wirst merken, dass deine Geschichte für dich und deine Leser noch interessanter wird. Weil du noch mehr Wörter in einen ungewöhnlichen Zusammenhang bringst und gleichzeitig übst, spontan auch längere Geschichten zu schreiben.

> Trau dich beim Ergänzen der Buchstaben auch an Wörter heran, die dir nicht so angenehm sind: *zittern, Spinne, Mathearbeit*. Probier aus, wie es ist, eine Geschichte zu schreiben, in der es nicht nur fröhlich zugeht, in der es zwischendurch Ärger gibt. Oder Trauer. Oft sind gerade solche Geschichten aufregend, in denen es Probleme zu bewältigen gibt, in denen jemand in eine schwierige Situation gerät, in der schlimme Dinge passieren (und man am Ende, wenn du es willst, doch wieder aufatmen kann).

Trau dir Probleme und Gefahren zu!

> Schreib jemandem, den du gerne hast (deiner Mutter, deinem Vater, einer Freundin, deinem Bruder oder Oma und Opa) eine Schnellschreibgeschichte. Nimm als Ausgangswort den Vornamen. Oder zwei, wenn es einen zweiten Vornamen gibt. Schenke demjenigen die Geschichte zum Geburts- oder Namenstag.

Damit hast du auch schon deine ersten Leser. So kannst du noch mehr Leser gewinnen und übst gleichzeitig für ein größeres Publikum:

> Schreib eine fantasievolle »Familien-Geschichte« zu deinem Nachnamen und lies sie bei der nächsten Familienfeier vor. Sage vorher Bescheid, dass du eine Überraschung hast, damit man dich ankündigt und deine Lesung nicht im allgemeinen

Trubel untergeht. Besorge dir eventuell ein Mikrofon und lass dich mit Applaus belohnen.

Wie in der Schreibspiel-Anregung hat es eine Teilnehmerin meiner Schreibgruppen gemacht. Laureen fand zu dem Wort »Tiere« die Wörter *Tiger*, *Igel*, *Ente*, *Reh*, *Elefant* und entwickelte daraus die folgende Geschichte:

Laureen Sturhan, 9 Jahre

Was sagt der Tiger?

Der Tiger ging einen schmalen Weg entlang. Er folgte dem Duft eines Apfels, den jemand verloren haben musste. Es handelte sich nämlich um einen ganz besonderen Tiger, einen, der kein Fleisch fraß, und alle Tiere im Wald wussten davon. Da lag an der Seite ein Baumstamm, und weil er den Apfel nicht fand, begann der Tiger vor lauter Hunger am Stamm zu knabbern.

Eine Ente kam, stellte sich auf den Weg, und der Tiger brummte laut etwas zu ihr. Die Ente schnatterte zurück: »Ich verstehe dich nicht.«

Nun kam ein Igel des Weges, er ging zu der Ente und fragte sie: »Was hast du?« Die Ente quakte: »Der Tiger versteht mich nicht und ich ihn nicht.« Nun piepste der Igel zum Tiger: »Was willst du der Ente denn sagen?« Aber der Tiger verstand auch den Igel nicht.

Danach kam ein Reh vorbei und fragte den Igel und die Ente, was sie von dem Tiger wollten. Da piepsten und schnatterten Igel und Ente: »Die Ente versteht nicht, was der Tiger ihr sagen will.« Nun fragte das Reh den Tiger:

»Was willst du denn der Ente erzählen?« Aber der Tiger verstand auch das Reh nicht.

Plötzlich bebte die Erde. Die Bäume bogen sich, ein kleinerer Baum kippte krachend um, und die Vögel flatterten mit lautem Gezwitscher davon. Ente, Igel und Reh zitterten vor Angst.

Es erschien ein dicker Elefant, der trötete laut: »Was ist denn hier los?« Die Tiere schnatterten, piepsten und redeten durcheinander: »Der Tiger möchte der Ente etwas sagen, aber wir drei verstehen ihn nicht.«

Da trötete der Elefant: »Ich kann euch helfen, ich verstehe die Sprache des Tigers.« Er wedelte stolz mit den Ohren und erzählte: »In meiner Familie gibt es einen Onkel, der junge Tiger unterrichtet. Er hat auch mir die Sprache beigebracht.« Und dann fragte der Elefant: »Lieber Tiger, was willst du der Ente nun sagen?«

Da brummte der Tiger völlig genervt: »Ich bin auf der Suche nach einem Apfel, und die Ente soll mir Platz machen, damit ihn sich kein anderer holt.«

Da ergriff der Elefant die Ente mit seinem Rüssel, hob sie hoch und stellte sie auf dem Baumstamm ab, ebenso die anderen Tiere. Und der Tiger konnte endlich weiter seinen Apfel suchen.

Die Geschichte erscheint einfach, stimmt´s? Aber ganz so einfach war es nicht. Die Geschichte war zunächst schnell zu Papier gebracht, doch dann kamen Laureen erste Zweifel. Kann ein Tiger auf der Suche nach einem Apfel sein, obwohl doch jedes Kind weiß, dass Tiger Fleisch fressen? Warum versteht der Elefant den Tiger, die anderen Tiere diesen aber nicht? Sie begann mit der Überarbeitung.

Hier eine einfache Antwort auf die erste Frage: Wenn der Tiger Appetit auf einen Apfel hat, muss er wohl Vegetarier sein. Ja, warum nicht? Oder bist du sicher, dass es *keinen* Vegetarier unter den Tigern gibt? Es gibt doch auch nicht nur Tiger mit einem schwarz-gelb-gestriften Fell. Vielleicht hast du schon von den seltenen weißen Tigern gehört? Ja, die gibt es. Ein paar von ihnen leben bei den Magiern Siegfried und Roy in Las Vegas, einer amerikanischen Stadt, und zwar wie Hauskatzen. Also, ich meine, wenn es weiße Tiger gibt, die wie Hauskatzen leben, dann könnte man sich auch einen Tiger vorstellen, der Vegetarier ist …

Außerdem: In Geschichten ist alles möglich. Du musst den Leser nur davon überzeugen. Manchmal genügt es, wenn du bestimmte Dinge ganz nebenbei erklärst oder einfach behauptest.

Laureen beispielsweise legte fest, dass sich bestimmte Tierarten untereinander und mit dem Elefanten verständigen können, mit dem Tiger jedoch nicht. Das ist das Komische an der Geschichte: dass es auch unter Tieren Sprachbarrieren gibt, wie man sie sonst nur von Menschen kennt, dass Tiere, andere Tier-Sprachen sprechen können.

Gibt es das? Ja. Weil es in der Geschichte so steht.

◆ Der Geist aus der Flasche: Personen beschreiben

Es gibt Geschichten, in denen jemand einen Behälter findet, ihn öffnet, und sofort erscheint ein Geist wie in »Aladin und die Wunderlampe« oder in »Der Flaschengeist«. Was hat das mit deinen Geschichten zu tun?

Egal, ob du gerade erst anfängst, eigene Texte zu schreiben oder schon Routine hast – wenn du eine längere Geschichte schreiben willst, hast du bestimmt schon vorher darüber nachgedacht, welche Personen darin vorkommen, denn mit ihnen wirst du einige Zeit gemeinsam verbringen.

Diese Personen leben zunächst in deiner Fantasie wie in einem Behälter. Erst dadurch, dass du über sie schreibst, werden sie auch für deine Leser sichtbar und lebendig. Manchmal hast du sofort eine Vorstellung davon, wie einzelne Personen aussehen, wie alt sie sind, was sie gerne essen und trinken, was sie gerne mögen oder verabscheuen. Du kennst ihre Ängste, weißt, was ihnen Freude macht, woran sie glauben. Wahrscheinlich ist aber das Bild von den Nebenfiguren in deiner Geschichte anfangs weniger deutlich. Auch sie solltest du gut kennen! Sonst bleiben dir Überraschungen nicht erspart.

Textfiguren haben die menschliche Angewohnheit, sich selbständig zu machen, sich eigenständig zu entwickeln, wenn man sie gewähren lässt. Plötzlich erkennt man als Autor seine selbst geschaffenen fiktiven Personen nicht wieder: Das freundliche Mädchen vom Anfang der Geschichte neigt auf einmal zu schlimmen Wutanfällen, der Held wird im entscheidenden Augenblick zum Hasenfuß, und der vermeintliche Bösewicht ist eigentlich nicht böse, sondern nur faul.

Wenn du solche Entwicklungen nicht bewusst steuerst, spürt der Leser: Da stimmt etwas nicht, und er hat Recht. Bleib immer der Meister der Geister, die du ins Leben rufst. Du gibst die Richtung an, stattest die Personen mit Eigenschaften und ihren körperlichen Merkmalen aus – so wie du sie in deinen Geschichten brauchst.

Schärfe deinen Blick für Personen mit dem folgenden Spiel:

◇ *Schreibspiel: Personenbeschreibung*

Schneide aus alten Tageszeitungen oder Illustrierten Bilder von unbekannten Menschen aus. Nimm eines der Bilder, beschreibe den Menschen darauf und lass ihn lebendig werden, indem du dir aus den drei folgenden Bereichen jeweils ein Merkmal aussuchst und dazu Näheres schreibst:

1. Etwas, das das Äußere betrifft: Haare, Nase, Ohren, Mund, Augen, Körperbau, Form der Beine
2. Etwas, das den Werdegang betrifft: Alter, Beruf, Schule
3. Etwas, das für die persönlichen Interessen (Vorliebe oder Abneigung) steht: Musikgeschmack, Kleidung, Haustiere, Sport, Nahrung

Du könntest zum Beispiel Mund – Beruf – Lieblingsgetränk wählen und die Person auch gleich in einer Geschichte auftreten lassen. Wenn dir das noch schwer fällt, entwerfe zunächst nur einen »Steckbrief« und beschreibe mehr als nur die drei Merkmale. Schreib nicht nur: Mund – rote Lippen, Beruf – Fernfahrer, Getränk – Kakao. Schau genauer hin, so, als würdest du durch eine Lupe sehen. Entdecke schmale, trockene, volle, glänzende, zusammengekniffene Lippen. Schreib ... – über einen Fernfahrer (Beruf), der während der Fahrten nicht regelmäßig zum Essen kommt, Hunger und Müdigkeit gerne mit Kakao (Lieblingsgetränk) überbrückt. Den Kakao saugt er aus einer Tüte mit einem Strohhalm, dabei spitzt er seine Lippen, die so schmal wie Gummiringe von Einweckgläsern sind.

Erfinde! Gib einem Menschen, von dem du auf dem Foto nur das ernste Gesicht siehst ... – einen lachenden offenen Mund, in dem anstelle eines Backenzahns eine Goldkrone glänzt. Gib ihm kräftige Hände (die ein dünnes Glas umfassen) und krumme Beine. Stell dir vor, er sei ein echter Cowboy, der auf seinen Einsatz beim Rodeo wartet.

Übung

Spaß macht es auch, Personen zu beschreiben, die man kennt: den Schulbusfahrer, den Kinderarzt, das Nachbarehepaar, Mutters beste Freundin, einen Mitschüler oder Menschen am Strand, im Schwimmbad. Mach aus der Personenbeschreibung ein Detektivspiel:

> Gehe wie bei der Personenbeschreibung vor und wähle drei Merkmale. Verwende bei der Beschreibung des Äußeren und dem, was seinen Werdegang betrifft, alles, was du über ihn weißt, Vorlieben und Abneigungen jedoch musst du dir selbst ausdenken oder raten. Werde zum Menschenkenner wie ein Kriminalbeamter, Psychologe oder ein guter Detektiv.

Du kannst sogar herausfinden, ob du mit deinen Vermutungen Recht hast. Dazu brauchst du nur ein bisschen Mut. Wenn du eine dir bekannte Person gewählt hast, zum Beispiel deinen freundlich wirkenden Chemielehrer, könntest du ihn fragen: »Sie haben so viel Ahnung von biochemischen Verbindungen und Reaktionen. Da wissen Sie doch sicher auch, wie man eine spritzige Limonade selbst herstellt?« Sicher wird er dir darauf antworten. Vielleicht hast du ins Schwarze getroffen, und er verrät dir ganz nebenbei noch mehr interessante Rezepte für Partygetränke. Finde es heraus.

Eine Aufgabe in meinen Schreibgruppen lautete: Stell dir eine Person vor und einen Raum, in dem sie sich aufhält. Das kann ein Zimmer in einer Wohnung oder in einem Haus sein oder der Garten. Auch eine Landschaft kann ein Raum sein. Schreib darüber, was die Person gerne tut, welche Speisen sie mag oder nicht mag und wovor sie Angst hat. Gefühle spielen beim Erzählen eine wichtige Rolle, und Angst ist ein starkes Gefühl, so stark wie Liebe, Hoffnung, Neugier, Neid. Gefühle bringen Menschen zum Handeln, machen sie feige, aber manchmal auch mutig.

Es gibt vieles, wovor man Angst haben kann: Höhe, Enge, Prüfungen, Zeugnisse, Trennungen, tiefes Wasser, Mitschüler, Gewitter, Hunde, Wespen, Schlangen und andere Tiere.

Die drei Texte im folgenden Leseteil haben eines gemeinsam: die Angst vor Spinnen. Dabei haben Joana, Caroline und Tim ganz verschiedene Geschichten geschrieben:

Joana entwickelte das Profil einer Person, ein Beispiel für eine lebendige Personenbeschreibung.

Caroline erzählt eine Episode, die allen, die Geschwister haben, bekannt vorkommen könnte.

In Tims Geschichte ist der »Raum« ein anderes Land, in dem die Hauptperson mit ihrer Familie ein Schloss bewohnt.

Jetzt vergleiche, wie verschieden sich Angst in den Geschichten ausdrückt. Ein Gefühl zu erklären, es zu beschreiben, statt es nur durch ein einziges Wort auszudrücken, wirkt meist viel überzeugender. In der Schlossgeschichte zum Beispiel taucht das Wort »Angst« gar nicht auf. Dennoch wirst du sie spüren.

Joana Wokittel, 11 Jahre

Daria

Was Daria alles gerne mag, wie ich es jedenfalls behaupte, wird nun erzählt: Daria hat zum Beispiel Angst vor Spinnen, weil sie ihr wegen der acht Beine so schrecklich unheimlich und so ekelig vorkommen. Darum hält sie sich am liebsten im Wohnzimmer auf – weil dort die wenigsten Spinnen zu finden sind. Dort liest sie oft oder guckt eine Krimi-Sendung im Fernsehen. Oft geht sie aber auch mit ihren Freunden ins Kino, wo sie sich mit Begeisterung Filme über Freundschaft und Verfolgungsjagden ansieht, außerdem Krimis. Überall in der Wohnung liegen verstreut Bücher herum. Damit sie bei den Mahlzeiten ein Buch nicht zur Seite legen muss, und damit keine Flecken ins Buch kommen, stellt sie beim Essen das Buch, das sie gerade liest, auf einen Buchständer, der es zugleich hält und schützt.

Die meisten Bücher, die Daria liest, handeln von Tieren im Urwald, Detektivspielen oder Banditen. Am liebsten isst sie Spargel, weil er so unglaublich saftig ist, aber trotzdem nicht in ihre Bücher tropft. Deswegen hasst Daria gegrilltes Fleisch: Es spritzt schnell Fett in ihre Bücher. Natürlich kann sie nicht alle Tage in den Ferien mit Lesen zubringen. Außerdem, sie muss nicht nur essen, sondern auch etwas trinken – Apfelsaft! Den trinkt sie so gerne, weil er süß, fruchtig und erfrischend ist.

Caroline Sensen, 10 Jahre

Spagetti schmecken besser

Kikis Lieblingsraum ist der Vorratskeller. Wie jeden Tag sitzt sie dort und futtert Salzstangen, ihre Lieblingsknabberei. Plötzlich entdeckt sie, nicht weit von ihr entfernt, eine dicke Spinne. Schreiend springt Kiki von ihrem Hocker auf, sie hat schreckliche Angst vor Spinnen.

Kiki läuft zur Tür und reißt sie hektisch auf. Da steht ihr großer Bruder Axel und grinst sie schadenfroh an: »Na, da dachte die kleine Kiki wohl, dass diese Halloween-Spinne aus Plastik sie angreifen würde. Ha, ha, ha!«

»Dachte sie gar nicht! Blöder Streich!«, verteidigt Kiki sich.

»Dachte sie doch!« Axel lässt die Spinne vor ihrem Gesicht hin und her baumeln.

»Essen!«, ruft Mama aus der Küche.

Axel will wissen, was es gibt. Mama antwortet: »Spinat mit Kartoffeln.« Kiki und Axel stöhnen. In einer Sache sind sie sich immer einig: Spagetti schmecken besser!

Nie wieder Spinat

Anfang des 20. Jahrhunderts wohnte eine Familie in einem Schloss, das in den Bergen Schottlands lag. Die Familie bestand aus Lili, einem zehnjährigen Mädchen mit goldenen Locken, und ihren Eltern. Sie waren sehr wohlhabend, weil sie viele Schafe besaßen, aus deren Wolle sie Stoffe mit ganz besonderen Mustern herstellen konnten. Einmal im Monat ritt Lilis Vater an der Seite eines voll bepackten Ochsenkarrens und in Begleitung von zwei Gehilfen in die Stadt zum Markt, um die Stoffe an Händler zu verkaufen.

Auch an einem stürmischen Morgen im Herbst versprach Lilis Vater, dass er pünktlich zum Abendessen wieder da sei. Lili verbrachte zusammen mit der Magd den Tag damit, die Spinnen, die in dem Schloss Zuflucht gesucht hatten, zu vertreiben. Gegen Abend, als sie sich gerade hingesetzt hatte, um ein Buch zu lesen, rief ihre Mutter zum Essen. Lili ging ins Esszimmer und fragte sich, was es wohl Leckeres gäbe. Sie pustete eine Locke aus dem Gesicht und streifte sie hinters Ohr, bald darauf hörte sie das Hufgetrappel des Pferdes und das Rumpeln des Ochsenkarrens. Lili rannte nach draußen zu ihrem Vater und umarmte ihn und sagte: »Komm schnell, wir wollen essen.«

Sie saßen am Esstisch. Die Magd kam mit einer Schüssel, und Lilis Mutter erzählte dem Vater mit Freude, dass sie es endlich geschafft hätte, Spinat im Gewächshaus anzubauen, und dass es deswegen heute Spinat gäbe. »Dann lass uns alle ordentlich davon probieren«, sagte Lilis Vater, und die Magd begann, alle Teller zu füllen.

Lili sah die grüne, matschige Masse vor sich. Sie dachte an zermatschte Insekten und wiedergekäutes Gras. Sofort lief ihr ein kalter Schauer über den Rücken. Sie würgte etwas, weil sie den Spinat widerlich fand. Trotzdem versuchte sie glücklich zu wirken, um ihrer Mutter die Freude nicht zu verderben. Es gelang ihr nur mit Mühe und Not.

Nach dem Essen musste Lili ins Bett gehen. Sie schlief sofort ein. Doch mitten in der Nacht wurde sie wach. Eine Tür quietschte. Sie zuckte zusammen, es war ihre Tür! Starr wartete sie einen Moment. Kurz danach sah sie etwas wie einen großen Fleck. Was in aller Welt ist das, dachte Lili. Das Wesen kam näher. Da fiel ein heller Mondstrahl darauf, und sie sah entsetzt, dass es sich um eine riesige Spinne handelte, und die war – aus Spinat!

Lili schrie auf. Sie sprang mit einem großen Satz aus ihrem Bett und rannte an der Spinne vorbei auf den Flur. Doch die riesige Spinne folgte ihr. Lili achtete nicht mehr auf den Weg, sondern nur noch auf die Spinne, blickte gehetzt über ihre Schulter nach hinten. So kam es, dass sie gegen die im Flur stehende Säule rannte und in Ohnmacht fiel.

Am nächsten Morgen erwachte Lili in ihrem Bett. Sofort erinnerte sie sich an die Spinne und dass sie gegen etwas gerannt war. War sie das? Sie fasste an ihren Kopf. Da war keine Beule. Oder doch? Nie wieder Spinat, schwor sie sich.

◆ Aus anderer Sicht – Perspektiven

Von nun an gibt es für deine Fantasie keine Grenzen mehr, alles ist erlaubt. Ein Füller reist in geheimer Mission, Fruchtgummis werden zu Schwimmweltmeistern, eine Tischdecke erlebt bei Kerzenschein, dass ein Mann eine Frau um ihre Hand bittet, und eine gläserne Teekanne zerspringt aus Wut darüber, dass keiner sie beachtet, am Frühstückstisch. Wie das funktioniert?

Manchmal wird ein Text schon dadurch interessant, dass er aus einer anderen Perspektive erzählt wird. Perspektive bedeutet Blickwinkel. Beispielsweise kann man etwas von unten (Froschperspektive) oder oben (Vogelperspektive) betrachten. Du kannst dir vorstellen, dass ein im Gras hockender Frosch ein völlig anderes Bild von einem Menschen hat als der über die Landschaft gleitende Vogel.

Beim Schreiben geht es um die Erzählperspektive, also darum, wer die Geschichte erzählt.

> Schreibst du deine Geschichte in der ersten Person (»ich«), dann ist der Erzähler die Hauptperson. Das ist ein gradliniges Erzählen wie in einer Biografie.

> Du kannst aber auch aus der Sicht einer anderen Person oder sogar aus der Sicht von mehreren verschiedenen Personen schreiben, dann könnte der Leser vieles erfahren, was zum Beispiel deine Hauptfigur noch gar nicht weiß – spannend!

> Oder du schreibst zur Abwechslung einmal aus der Sicht eines Gegenstandes: eines Fahrrads, eines Besens, einer Kommode

oder einer Uhr. Du verleihst ihnen Fähigkeiten wie sie lebendige Menschen besitzen: Sie können sprechen, sich bewegen, hören, sehen, empfinden und sich selbst eine Umwelt schaffen. Der Gegenstand könnte sogar Hobbys haben und Vorlieben, er könnte Freundschaften schließen, mit der Eisenbahn fahren, telefonieren. Dazu musst du dich allerdings, bevor du loslegst, mehr damit beschäftigen, intensiver darüber nachdenken, was zu dem Gegenstand passt, damit es deine Leser auch wirklich glaubwürdig finden. Welche Eigenschaften könnte er haben, welche Schwächen, wie sieht er aus, aus welchem Material besteht er? Wie könnte er sich fortbewegen?

Um eine Vorstellung davon zu bekommen, hilft es, diesen Gegenstand vorher zu beschreiben.

◊ Zum Aufwärmen: Dingbeschreibung

Übung

Leg ein Souvenir, das du aus einem Urlaub mitgebracht hast (Muschel, Haifischzahn, Plüschdelfin, Miniatureiffelturm), oder einen Gegenstand von deinem Schreibtisch (Schere, Füller, Radiergummi, Stift) vor dich hin. Beschreibe Größe, Farbe, Form.

Notiere, woher du ihn hast (im Laden oder auf einem Markt gekauft, gefunden, geschenkt bekommen), was du damit machen kannst, wie sich der Gegenstand, das Material und die Oberfläche anfühlen. Lass dir Vergleiche einfallen (ein Radiergummi kann matt wie ein Daumennagel sein, der Eiffelturm groß wie eine Birne).

Gib dir für die Beschreibung 10 Minuten Zeit.

Wie aber, fragst du dich, soll aus einem Gegenstand eine Geheimagentin oder ein Schwimmweltmeister werden?

Nun ist deine Fantasie gefragt. Sie ist die Kraft, die sogar Gegenstände zum Leben erwecken kann. Nicht umsonst bezeichnet man die Fantasie als Einbildungs*kraft* oder Vorstellungs*vermögen*. Lass dich von ihr leiten, male dir farbige Gedankenbilder aus. Stell dir vor …

Angenommen, du hättest einen steifen blanken Suppenlöffel als Gegenstand für deine Geschichte gewählt, dann könntest du dich so auf deine Geschichte vorbereiten:

Ein Suppenlöffel ist – verglichen mit einem Teelöffel – groß, sein Körper schlank. Hätte er Beine, stünden sie eng beieinander (weshalb er wahrscheinlich nicht breitbeinig laufen, sondern nur trippeln oder hopsen kann). Sein »Kopf« ist im Verhältnis zum Körper breit und groß (ist er deshalb vielleicht ein großer Denker?). Sein Körper ist hart, seine Haut silbrig-glänzend. Wie sieht es mit seinem Innenleben, seinen Gefühlen aus? Als Tei des Bestecks gehört er zu Messer und Gabel, die könnten seine »Mitmenschen« sein, Familie, Freunde, Feinde.

Was könnte das für eine Suppenlöffel-Geschichte werden? Vielleicht hat der Suppenlöffel ein Problem. Probleme und Konflikte sind Voraussetzung für spannende Geschichten. Wo ein Problem auftaucht, muss, um es aus dem Weg zu schaffen, etwas passieren – und passieren soll in Geschichten unbedingt etwas. Doch welches Problem könnte ein Suppenlöffel haben? Ich stelle mir vor …

Die Bewohner des Besteckkastens sehen in dem Suppenlöffel einen glänzenden Denker, dabei wäre er, ach so gerne!, ein Verrenkungskünstler. Und das kann er werden. Denn nicht weit vom Haus, in dem sich der Besteckkasten befindet, schlägt gerade ein Zirkus seine Zelte auf. Von seinem Wunsch besessen, fällt der Löffel am nächsten Morgen aus der Geschirrspülmaschine heraus und kehrt nicht in den Besteckkasten zurück. Er macht sich davon, auf den Weg zum Zirkus. Dort trifft er auf einen Artistenjungen oder –mädchen. Die beiden lernen sich kennen, der Löffel zeigt, was er kann. Bald treten Zirkuskind und Löffel als unschlagbares Duo in der Manege auf, werden im ganzen Land gefeiert und …

In der Geschichte könnte es auch darum gehen, dass die ganze Besteckkastenfamilie zunächst nicht an die Fähigkeiten des Suppenlöffels glaubt.

Messer, Gabeln, Tee- und Eierlöffel belächeln den Armen und machen sich lustig, bis sie merken, dass es passiert: Des Suppenlöffels Traum wird Wirklichkeit. Und am Ende applaudiert die ganze Bande klappernd, gerät vor Aufregung völlig durcheinander. Die im Haus wohnenden Menschen entdecken das Chaos, und eine unter Zweibeinern bekannte Diskussion um das Wer-hat-schon-wieder-den-Besteckkasten-nicht-richtig-eingeräumt beendet die Geschichte.

Du siehst, ein Suppenlöffel birgt viele Möglichkeiten. Jetzt bist du dran:

◇ *Schreibspiel: Perspektive*

Übung

Schreib eine Geschichte aus der Sicht eines Gegenstandes. Lass ihn denken, sprechen, fühlen, handeln. Beziehe seine Umgebung, Menschen und Tiere, mit in die Geschichte ein.

Dazu überlege, wie der Gegenstand beschaffen ist. Nutze seine Eigenheiten, Schwächen und Stärken.

Kann er sich fortbewegen, muss er getragen werden, oder bleibt er stets an einem Ort? Was könnte er für Laute von sich geben? Wenn er wie ein Mensch spricht, wie und mit welcher Stimme?

Nimm eine Computermaus, eine einzelne Nudel aus einer vollen Packung, einen Jackenknopf – du zweifelst noch immer, dass sich über Gegenstände etwas erzählen lässt? Lies weiter:

Der Knopf ist rund und glänzt golden, aber er ist traurig. Er will nicht länger an einer löcherigen Jacke befestigt sein, er will etwas von der Welt sehen. Deshalb spannt er alle Muskeln an, springt ab und rollt auf einen Teppichläufer. Der wird am nächsten Morgen vor dem Haus ausgeschüttelt, so dass der Knopf in hohem Bogen wegfliegt und auf einer Wiese landet. Eine Elster entdeckt seinen verführerischen Glanz und – schwuppdiwupp! – landet der Knopf im Vogelnest. Dort gefällt es dem Abenteurer bereits ganz gut, fabelhafter Ausblick!, vor allem auf ein Haus, in dem ein Pilot wohnt, der sich – wie immer, wenn er zu einer neuen Reise aufbricht – seine schicke Uniform anziehen will, doch da stutzt er. An seiner Uniform …

Jetzt brauchst du dir nur noch vorstellen, wie der goldene Knopf an die Uniform des Piloten gerät.

Im folgenden Text geht es um eine Kerze und was sie erlebt. Der 8-jährige Autor hat seine Gedanken beim Schreiben weit in die Zukunft geschickt.

Tim Rummel, 8 Jahre

Die kleine rote Kugelkerze in der Zukunft

Ich, eine rote Kugelkerze, wurde in Deutschland im Jahre 2049 gefunden. Der Finder hieß Ben. Er sagte: »So was hat man im Jahre 1996 benutzt.«

Er warf mich weg.

Als ich mich genauer ansah, entdeckte ich, dass ich nicht mehr rot war, sondern teilweise auch blaue Flecken hatte, aus meiner Nase tropfte Wachs.

Ich war anscheinend auf die Nase gefallen.

Als ich mich genau umsah, dachte ich: Früher, im 20. Jahrhundert, sah alles ganz anders aus. Jetzt gibt es fliegende LKWs und fliegende Roller, die in 10 Sekunden auf 100 km/h beschleunigen können.

Plötzlich kam ein anderer Mensch.

Er hieß Frank.

Er sah mich an und sagte: »Dich behalte ich. Dich gibt es nur noch ganz selten.«

So bekam ich doch noch ein Zuhause.

Du siehst, um die Fantasie anzuregen, braucht es nicht immer ellenlange Geschichten. Alisa lässt gleich zwei ganz verschiedene Gegenstände um die Gunst eines Mädchens kämpfen.

Alisa Liebchen, 10 Jahre

Zwei Geschenke

Ich lag unter einem Baum, an dessen Zweigen Kugeln baumelten. Es war bequem, auf einer roten Samtdecke zu liegen. Plötzlich schubste mich das Geschenk, das neben mir lag, einfach von der Samtdecke, und zwar so doll, dass ich unter einem Regal landete. Ich wollte gerade »He, lass das rufen!«, als ein Mädchen das andere Geschenk aufhob und es auspackte.

Das Mädchen rief: »Oh, dieses Buch habe ich mir schon lange gewünscht!«, und lief zu seiner Mutter und umarmte sie. Schadenfroh sah das Buch zu mir herüber.

Ich hörte Schritte und dachte: »Hurra, jetzt bin ich an der Reihe«, doch das Mädchen ging an mir vorbei. Ich rief: »Pack mich doch bitte aus!«, denn es würde sich bestimmt über eine Playstation 2 freuen, doch es hörte mich nicht. Nur das Buch rief: »Wer will dich schon haben! Ein Buch, noch dazu so ein dickes wie mich, will jeder haben.«

»Pah«, rief ich, »ein Buch liest man doch nur einmal. Mit mir aber spielt man jeden Tag.« Das Buch blähte sich entrüstet auf. »Dich findet man doch eh nicht.« Und da schwieg ich, weil es stimmte. Viel Hoffnung, dort unter dem Regal entdeckt zu werden, hatte ich nicht.

Ich sah, wie das Mädchen mit seinen Eltern aß. Der

Duft von gebratener Forelle zog bis unter das Regal. Meine drahtige Kehle wurde vor Hunger und Durst ganz trocken. Als endlich das Mädchen und ihre Eltern fertig gegessen hatten, kam das Mädchen noch einmal zu dem Baum, unter dem auch ich gelegen hatte. Es sagte: »Ich sehe mir das Buch vor dem Schlafengehen noch einmal an«, und begann die einzelnen Seiten durchzublättern.

Ich schrie: »Hallo, schau doch mal hierher! « Da knisterte das Buch so laut mit seinen Seiten, dass es mich übertönte.

Nun reichte es mir aber. Ich nahm all meine Kraft zusammen, versuchte, mich unter dem Regal hervorzuschieben, doch das Einzige, das passierte, war, dass ich gegen die Wand knallte und sich ein Hebel von mir dabei in Bewegung setzte. Ein lautes Surren durchdrang den Raum.

Das Mädchen kniete sich neugierig zu mir herunter und entdeckte mich. Ich glaube, es war sehr überrascht. »Da ist ja noch ein Geschenk«, sagte es erfreut. »Hast du es also doch noch entdeckt«, sagte der Vater.

Das Mädchen hob mich auf und begann mich auszupacken. Ich setzte mein schönstes Lächeln auf, das Mädchen lächelte zurück. Ich grinste zum Buch hinüber.

An dem Abend ignorierte mich das Buch. Aber bald trafen wir eine Vereinbarung: An manchen Tagen durfte das Mädchen lesen, und an anderen Tagen spielte es mit mir.

◆ Immer der Nase nach – die Riech-Bar

In alten Western sieht man immer wieder, wie jemand niederkniet und sein Ohr an eine Eisenbahnschiene legt, um herannahende Züge zu hören. Könntest du dein Ohr an Geschichten pressen, würdest du ebenfalls etwas hören: den Pulsschlag, der in manchen Texten unruhig oder kräftig schlägt, in anderen eher gemächlich. Jede Geschichte hat einen solchen Pulsschlag, einen Rhythmus, wenn sie lebendig ist.

Die fünf menschlichen Sinne und Sinnesorgane kennst du sicher: sehen (Auge), hören (Ohr), riechen (Nase), schmecken (Mund), tasten und fühlen (Haut).

Wenn du beim Schreiben die Sinne mit einbeziehst, können deine Leser eine Geschichte ganz miterleben, mitfühlen. Durch eine Beschreibung wärmt sich der Leser an der ersten Frühlingssonne, hört den Wind durch das löcherige Dach einer alten Villa heulen, spürt, wie dem Verfolgten plötzlich ein eisiger Hauch am Nacken entlangstreicht.

Besonders die Nase verrät uns sofort, womit wir es zu tun haben, vielleicht weil ein guter Geruchssinn für den Menschen schon immer überlebenswichtig war. Denn manche Gerüche signalisieren unserer Nase Gefahr: Wenn zum Beispiel ein Haus brennt, werden wir durch den Brandgeruch gewarnt.

Konzentrieren wir uns also auf Gerüche. Die findest du überall bei dir zu Hause. Im Badezimmer gibt es wohlduftende Parfüms, Duschgels, Badezusätze, Shampoos, Körperlotionen. Die Küche ist ein echtes Geruchsparadies: Im Gewürzregal stehen Behälter mit Pfeffer, Paprika, Curry, Zimt, Basilikum, Oregano, Rosmarin, Dill. Auch Kakao, Kaffee und Tees, Konfitüren, Honig, Öl und Essig kannst du gut für das nächste Schreibspiel brauchen.

Vorsicht Schnuppernasen:
> Es gibt im Haushalt Stoffe (Desinfektionsmittel, Putzmittel, Kleb- und Lösungsstoffe), die für dich gefährlich sind, deine Atemwege verätzen können, dir ernsthaft schaden. Öffne nie irgendwelche unbekannten oder unbeschrifteten Behältnisse!

◇ Schreibspiel: Die Riech-Bar

Übung

Du brauchst jetzt ein paar leere Gläser mit Schraubverschluss. Frag in deiner Familie nach, ob dir jemand Gläser geben kann, sonst bei deinen Nachbarn. Füll in einzelne Gläser ein wenig von verschiedenen Substanzen ab: Olivenöl, Apfelessig, Erdbeerkonfitüre, Tomatenketchup, Pfefferminze (frisch oder als Tee; Beutel aufschneiden!). Verschließe die Gläser und stelle sie vor dich hin.

Jetzt fang an, sie zu beschreiben: Wie sieht der Inhalt aus, ist er flüssig, ölig, pulverförmig, fest? Woran erinnert er dich? Suche Vergleiche. Vielleicht führen dich deine Gedanken zu einer Geschichte. Sonst öffne den ersten Deckel und – halt!

Noch ein wichtiger Hinweis:
> Atme nie direkt in einen Geruchsstoff hinein! Du könntest ihn aufwirbeln. Er steigt dir in die Nase, und wenn du verse-

hentlich stark gepustet hast, sogar in die Augen, was äußerst unangenehm sein kann. Gerüche entdeckst du am besten wie ein Profi, indem du sie dir mit der Hand zufächelst. So machen es nämlich auch Wein- und Parfümtester: Sie fächeln sich zuerst die Duftstoffe zu, dann probieren sie den Wein oder tupfen das Parfüm auf einen Teststreifen.

Okay? Dann kann es mit der Riech-Bar weitergehen:

Fächle dir einen Duftstoff zu und vergleiche ihn. Wonach riecht das? Erinnert er dich an etwas anderes, was du schon kennst? Kannst du bei Mischungen einzelne Zutaten unterscheiden? Oft findest du Angaben dazu auf dem Etikett. Du erfährst beispielsweise, dass Ketchup neben Tomaten vor allem aus Branntweinessig und Zucker besteht. Lass dir beim Schnuppern Zeit. Zu schnell hintereinander kannst du die unterschiedlichen Düfte nämlich gar nicht unterscheiden. Kosmetikerinnen wissen, dass die Nase einer Kundin, die mehr als vier Parfümproben probiert hat, eigentlich schon nicht mehr richtig wahrnehmen kann.

Schließlich hast du dich für eines der Gläser entschieden und stellst alle anderen zur Seite. Entwickle nun eine Geschichte, in der dieser Duft eine wichtige Rolle spielt. Lüfte sein Geheimnis.

Warum, fragst du, soll ich nicht direkt an den Flaschen, Gläsern, Tuben, Packungen riechen oder mir von dort die Gerüche zufächeln? Weil es nicht hygienisch ist, vor allem dann, wenn du erkältet bist oder vergessen hast, deine Hände vorher zu waschen.

Eine Riech-Bar brauchst du dir nicht immer wieder neu einzurichten, wenn du neue Düfte kennen lernen möchtest. Frage einfach zwischendurch einmal deine Nase: Wie riecht es in unserem Hausflur, wenn du aus der Schule kommst? Wonach riecht es in anderen Hausfluren? Woran erinnert dich der Duft von frischgebrühtem Kaffee? Kannst du mit verbundenen Augen den Geruch von einem gekochten Ei erkennen? Könntest du erraten, was es bei Euren Nachbarn mittags zu essen gibt?

Gerade Lebensmittel verändern ihren Geruch an der Luft, besonders bei Wärme. Im Kühlschrank riecht man viele Käsesorten fast gar nicht, nach einiger Zeit auf dem Esstisch entwickeln sich ihre Aromen.

Stell dir vor, du wärest jemand anderes an einem anderen Ort: ein Matrose beim Frühstück auf einem Schiff oder ein hungriger Löwe, der um eine Hütte schleicht. Vielleicht regen solche Gedanken deine Sinne an, und du bekommst Lust, darüber zu schreiben. Nimm dir gleich ein Blatt Papier oder dein Notizbuch und beschreibe, was du gerade alles riechst, angenehme und abstoßende Gerüche (die Jasminhecke im Garten deiner Großeltern, gebratene Eier, das Parfüm, wenn deine Mutter ausgeht, die Mülltonne vor dem Haus, ein ungelüftetes Zimmer). Verwende deine Geruchserinnerungen in deinen Geschichten.

Auch in meinen Schreibgruppen behandeln wir zwischendurch das Thema Gerüche. In den stimmungsvollen Weihnachtsgeschichten von Lou und Nadine zum Beispiel riecht man den Zimt, Daria hingegen spürt in ihrem Text einem exotischen Geruch nach.

Man kann einen Text auch rätselhaft schreiben – indem nicht genannt wird, worum es geht. Dadurch bleibt dem Leser viel Spielraum für seine eigene Fantasie.

Kannst du erraten, was Daria in ihrer kurzen Skizze beschreibt?

Daria von der Weyden, 13 Jahre

Ein Hauch Süden

Ich kam in die Küche und wollte mir ein Glas nehmen, um etwas Wasser zu trinken. Doch ich verwechselte die beiden Schranktüren. Da stand ein großes Glas mit einem rot-weiß karierten Deckel. In dem Glas war ein Pulver, es sah wie Lehmerde aus. Als ich es öffnete, um zu riechen, was es war, merkte ich, dass es keine Lehmerde war. Welch einen wunderbaren Duft dieses Pulver hatte! Sein Geruch erinnerte mich an Wärme, an ferne Länder, an Asien. Es roch einfach fantastisch, wie ein Gewürz. Ich kannte dieses Gewürz nicht, doch sein Geruch bezauberte mich.

Lou Hecker, 8 Jahre

Zu Weihnachten gehört Zimt

In einer Woche ist Weihnachten. Lisa und ihre Schwester Lena freuen sich. Sie backen Zimtsterne, Vanillekipferl und Linzer Torte. »Mama«, ruft Lisa, »Zimt riecht so gut!«

»Ja, das finde ich auch. Aber, Lisa, warte mal!«, ruft die Mutter, »wonach riecht Zimt?«

Lisa sagt: »Nach Weihnachten.«

Endlich ist Heiligabend. Lisa kriegt eine Barbie Cinderella, eine Plüschkatze und ein Schlüsselband aus blaugelbem Stoff. Lena erhält einen Teddy, ein Schlüsselband aus rot-lila Stoff und einen kleinen weißen Flummy. Die Mutter und der Vater bekommen zwei Schachteln Trüffelpralinen. Als alle die Geschenke ausgepackt haben, singen sie erst einmal Weihnachtslieder: *O Tannenbaum*, *O du fröhliche* und *Alle Jahre wieder*. Dann gehen sie an den mit silbernen und goldenen Sternen gedeckten Tisch und essen von den selbstgebackenen Plätzchen und vom Kuchen.

Als Lisa und Lena später im Bett liegen, flüstern sie sich zu: »Sind das schöne Weihnachten.«

Nadine Lüdicke, 14 Jahre

Zimtig, kalt und weihnachtlich

Es war ein kalter Tag kurz vor Weihnachten. Bereits am frühen Morgen stieg der Duft von Zimtstangen und Vanillezucker in Ashleys Nase und holte sie aus ihren süßen Träumen, in denen sie durch Wolkenberge aus Baisers und köstlichem Mandeleis geschwebt war. Gähnend verließ sie ihr Bett und zog sich erwartungsvoll an. Was der Tag wohl bringen würde? Hoffentlich hatte ihre Mutter bereits den

Plätzchenteig vorbereitet, darauf hatte sie sich schon die ganze Woche gefreut. Fröhlich hüpfte sie die Stufen zur Küche hinunter.

Ihre Mutter sah lächelnd auf, als Ashley neugierig den Kopf zur Tür hineinsteckte. »Na, auch endlich aus den Federn gekrochen? Ich habe dir ein paar Zimttoasts gemacht. Sie stehen auf dem Küchentisch, Liebes.«

Langsam kletterte Ashley auf den Küchenstuhl, verschränkte die Beine und sah zur Mutter. »Was machst du denn da?«, fragte sie.

Die Mutter antwortete: »Hier soll gleich ein ganz großes Backfest stattfinden. Dafür bereite ich den Teig vor. Hast du vielleicht Lust mitzubacken?«

»Au ja!«, rief Ashley ausgelassen und stellte den leeren Teller in die Spüle. Ungeduldig reckte sie sich auf die Zehenspitzen, um mit einem Finger vom Teig zu naschen.

Endlich konnten sie beginnen. Ashleys Mutter legte eine CD mit Weihnachtsliedern auf, und während sie den Teig ausrollten, kleine Weihnachtsmänner und Tannenbäume ausstachen oder die Backbleche einfetteten, summten sie zur Melodie von »Jingle Bells«. Gegenseitig bestäubten sie sich mit Puderzucker oder erwischten einander, wenn sie mal wieder eines der halbfertigen Plätzchen naschten.

Zur Krönung holte die Mutter kleine Zuckerkugeln, Schokoladenglasur und Zimtstangen hervor. Es machte Ashley Freude, den Weihnachtsmännern kleine Gesichter zu formen und die Tannenbäume reichlich mit Glasur und Zuckerperlen zu verzieren. Während vor dem Fenster der Schnee niederrieselte und sich wie ein Teppich über den kleinen Ort legte, verstauten sie alle Plätzchen sorgfältig in Blechbüchsen, die ihre Mutter später verstecken und wie immer erst an Heiligabend wieder herausholen würde.

Gegen Abend kam der Vater nach Hause. Dick in Mantel, Schal und Mütze eingehüllt, schauten gerade noch seine Nase und die von der kalten Winterluft geröteten Augen hervor.

Aufgedreht sprang Ashley auf ihn zu und rief: »Papi, wir haben gebacken. Komm mit, komm mit, dann kannst du noch ein Plätzchen probieren!« Sie ließ ihm keine Zeit zu widersprechen und zog ihren Vater in die Küche, wo die Mutter mit einem feuchten Lappen die Küchentheke abwischte. Sie steckte ihrem Mann noch ein Plätzchen in den Mund, bevor sie den Lappen in der Spüle ablegte und die Plätzchendosen an sich nahm, um sie zu verstecken.

Nachdem der Vater den Mantel an die Garderobe gehängt hatte, kuschelten sich alle auf dem Sofa zusammen und hörten dem Prasseln des Feuers im Kamin zu. Von Zimtstangen- und Plätzchendüften umgeben, drückte sich Ashley an ihre Eltern und träumte vom bevorstehenden Weihnachtsfest. In ihren Gedanken malte sie sich hohe Geschenkberge mit schillerndem Geschenkpapier, bunten, kunstvoll gebundenen Schleifen und einen glitzernden Weihnachtsbaum mit großen, glänzenden Kugeln, in denen sie sich spiegeln konnte, aus. Plötzlich fing es zu schneien an, und das Klimpern von Glöckchen war zu hören. Der Weihnachtsmann, dachte Ashley aufgeregt.

Und tatsächlich, ein goldener Schlitten mit drei Rentieren und einer großen, in roten Samt gekleideten Gestalt kam auf sie zu geglitten. Mit seinem rundlichen Gesicht und den geröteten Wangen sah der Weihnachtsmann genauso aus, wie sie ihn sich immer vorgestellt hatte. Er stieg aus und warf eine Handvoll goldenen Staub und Zimtduft in die Luft, rief: »Hohoho, es ist Weihnachtszeit!«, doch da war Ashley längst eingeschlafen.

Geschichten zu vorgegebenen Themen

»Ich wohne in einem Haus«, sagt einer. »Und was ist das für ein Haus«, will sein Gegenüber wissen, »ein Bungalow, Reihen- oder Mehrfamilienhaus?« – »Ein Iglu.«

Kein Haus gleicht dem anderen. Schon die Bewohner unterscheiden sich, die Einrichtung und der Geruch in jeder Wohnung ist anders – durch Lebensmittel, durch die Speisen, die gekocht werden, durch Kosmetik, Reinigungs- und Waschmittel, Haustiere und Pflanzen. In manchen Häusern geht es ruhig zu, in anderen turbulent. Auch ein Indianer-Zelt oder ein Eskimo-Iglu ist ein Haus.

Wie mit den Häusern ist es auch mit Geschichten: Keine ist wie die andere, es sei denn, jemand hätte abgeschrieben. Aber das wäre nicht nur unfair, sondern ein Plagiat. Wer Fantasie hat, braucht nicht abzuschreiben. Das Besondere am Schreiben ist, dass man etwas Neues erzählt und es auf eine neue Art beschreibt, so, wie es noch nie jemand zuvor getan hat.

Beschreibe deshalb nicht das Alltägliche, und wenn, dann suche nach einer anderen Perspektive, so kann eine »neue« Geschichte entstehen, wie sie zuvor noch keiner erzählt hat.

In den folgenden Kapiteln findest du zu den Themen »Ein fremdes Gesicht«, »Glück« und »Mut« Geschichten, die sich teils völlig unterscheiden, manchmal auch ähnlich sind. Frage dich, warum dir eine Geschichte gefällt, eine andere weniger. Denk an die Ausstrahlung in einem Haus: Man kann sich darin wohl fühlen, beschützt oder verlassen und einsam. Mach dich auf die Suche nach einem interessanten Thema, gestalte es wie ein Haus, mach es lebendig – indem du es beschreibst.

◆ Abenteuer und Spannung: »Ein fremdes Gesicht«

Dass man das Gefühl hat, die Zeit verginge unterschiedlich schnell, weißt du sicher aus eigener Erfahrung: 45 Minuten, die du mit Freunden beim Schlittschuhlaufen verbringst, vergehen wie im Flug. Aber wenn du 45 Minuten lang Kartoffeln schälen müsstest, würde dir die Zeit ganz schön lang vorkommen.

Beim Geschichtenschreiben kann dir die Zeit lang werden, weil es manchmal eine Weile dauert, bis ein Text seine endgültige Form erreicht hat. Manchmal hast du eine Rohfassung, die nicht schlecht ist, noch ein paar Korrekturen hier und da, schon wäre der Text fertig. Oder vielleicht auch nicht, weil du dich zum Beispiel nicht entscheiden kannst, welchen Schluss deine Geschichte haben soll.

Das ist, als wenn du vor deinem Kleiderschrank stehst und überlegst, was du zu einer besonderen Geburtstagsfeier anziehen sollst. Jungen entscheiden sich da schneller. Mädchen überlegen länger: Soll ich das rote, das blaue, das schwarze T-Shirt nehmen, eine Hose oder einen Rock, lang oder kurz? Welche Schuhe, welchen Kajalstift, wie die Haare kämmen? Du zieht dich dreimal um, legst deine Lieblingskette um, nimmst sie wieder ab, stehst schließlich im Flur, wirfst einen Blick in den Spiegel, und erkennst: Nie wieder werde ich genauso aussehen wie jetzt. Du siehst *einmalig* aus. Jede gute Geschichte ist *einmalig*.

Was aus einer Rohfassung werden kann, zeigen dir zwei Texte

von Lea, die ihr Interesse für fremde Länder widerspiegeln und für die sogar Recherchen in Fachbüchern notwendig waren. Mit einem raffinierten Trick verband sie die Ursprungsgeschichte, in der weite Zeitsprünge vollzogen werden, mit der heutigen Zeit: Sie baute eine Rahmenhandlung um den Rohtext herum, schuf so eine »Geschichte innerhalb der Geschichte«.

Auch Caroline und Verena haben intensiv an ihrem Text zum Thema »Ein fremdes Gesicht« gearbeitet. Die Endfassung der Geschichten wurde lektoriert, so nennt man die Überarbeitung eines Textes durch einen Lektor. Denn es ist die Ausnahme, dass ein Text druckreif abgeliefert wird. Sogar die Manuskripte bekannter und erfahrener Schriftsteller werden vor der Veröffentlichung von einem Verlagslektor durchgesehen und bearbeitet. Dann erst geht es in den Satz und zur Druckerei.

Lea Kaiser, 10 Jahre

Ein sensationeller Fund

(Rohfassung; der Titel lautete zunächst: »Ein fremdes Gesicht«)

In einer Yucatanhütte in Mexiko lebte eine Gruppe von Geisterfrauen. Sie tranken nur Geisterwasser, aßen nur Geisterreis und Geisterbrot. Sie verehrten viele Geistergötter. Der höchste von ihnen hieß Schlotterkiesel von Gruselstein.

Jeden Tag beteten die Geisterfrauen zu ihm. Eines Nachmittags träumte eine der Geisterfrauen, dass es irgendwann einen neuen Gott gäbe, und sie hatte Recht.

Es vergingen jedoch noch mehr als 12 400 Jahre. An Halloween traf plötzlich ein neuer Geistergott ein. Das geschah so: Die Geisterfrauen waren gerade dabei, Spinnennetze aufzuhängen, als plötzlich ein fremdes Gesicht auftauchte. Keine der Geisterfrauen hatte bemerkt, dass der Geist durch die Wand geschwebt war. Noch hatte ihn keine der Frauen entdeckt. Auf einmal jedoch zog ein übler Geruch durch die Yucatanhütte. Alle Geisterfrauen sahen auf und erschraken. »Hilfe!! Lasst uns von hier verschwinden. Ein fremdes Gesicht!«, brüllte eine der Geisterfrauen, und alle flogen weg, so schnell sie konnten.

Jedoch hatten sie ihren Koffer mit Elixieren und Blumen vergessen. Der Geistergott schnappte sich den Koffer und verbrannte ihn, weil er wütend war, dass die Geisterfrauen vor ihm weggeflogen waren. 2 906 Jahre später zogen die Frauen wieder in die Yucatanhütte ein. Noch dreimal erschien der Geist, sie bemerkten ihn jedoch nicht.

Der Geistergott ließ den Vulkan Popocatepetel einmal ausbrechen, weil er immer noch wütend auf die Geisterfrauen war. Nach dem Vulkanausbruch verwandelten sich alle Frauen zu Staub.

Nun zerstörte er die Yucatanhütte und ließ genau an dieser Stelle ein Traumschloss erbauen. Dort sitzt er immer noch und wartet darauf, dass jemand kommt und mit ihm zusammenlebt.

Lea Kaiser, 10 Jahre

Ein sensationeller Fund (Endfassung)

Gustav Glas war Professor für Archäologie und sein Spezialgebiet die Geschichte des Landes Mexiko. Eine Forschungsreise führte ihn und seine Studenten in das Gebiet des Vulkans Popocatepetl. Sie begannen mit den Ausgrabungen und arbeiteten viele Wochen, ohne auf nennenswerte Funde zu stoßen. An einem strahlenden Morgen im April beschloss Professor Glas, die Ausgrabungen an dieser Stelle zu beenden. Er stieg ein letztes Mal in die Grube und nahm den Spaten zur Hand. Nach ein paar Minuten stieß er auf etwas Hartes. Vorsichtig arbeitete der Gelehrte weiter. Er legte das Werkzeug zur Seite und buddelte mit bloßen Händen einen mit prachtvollen Malereien verzierten Tonkrug, der mit einem Korken verschlossen war, frei. Ehrfürchtig hob er ihn hoch und trug ihn zu dem Zelt, das ihm und seinen Studenten während der Ausgrabungen als Laboratorium diente.

»Kommt alle mal her! Ihr glaubt nicht, was ich gerade gefunden habe!«, schrie er. Alle angehenden Archäologen scharten sich um ihn und bewunderten die wunderschönen Zeichnungen, die noch sehr gut erhalten waren.

»Warum öffnen Sie den Krug nicht, Professor Glas?«, fragte einer der Studenten aufgeregt.

Ganz behutsam zog Professor Glas den Korken heraus und griff mit seiner Hand ins Innere des Gefäßes. Seine Finger ertasteten Papier. »Da liegt eine Schriftrolle!«, rief er. Er zog sie langsam heraus und achtete darauf, sie nicht zu beschädigen. Er rollte sie auf und las laut vor, was dort geschrieben stand:

In einer Hütte in Mexiko lebte eine Gruppe von Geisterfrauen. Sie tranken nur Geisterwasser, das war ein Gemisch aus Kräu-

tern, Beeren, Blättern und Quellwasser. Am liebsten aßen sie blauen Geisterreis, der sehr gruselig aussah; sie bereiteten ihn mit Guacamole, einer Soße aus Avocado und besonderen Kräutern zu. Ihr Geisterbrot bestand aus Maismehl, getrockneten und zerriebenen Chilischoten sowie geheimnisvollen Gewürzen. Wenn ihre Vorräte aufgebraucht waren, zauberten sie sich neue mit dem Spruch: »Itschi taro muko!!« Kaum waren die Zauberworte gesprochen, füllten sich ihre Kammern ganz von selbst.

Die Frauen verehrten viele Geistergötter. Sie beteten jeden Tag zu ihnen und tanzten stundenlang für sie den Taki-Tanz, indem sie sich sehr schnell und leichtfüßig im Kreis drehten und dabei blitzschnell mit ihren Feuerbällen jonglierten. Eines Nachmittags, während der Siesta, träumte eine von ihnen, dass es irgendwann einen neuen Gott gäbe; in ihrem Traum sah sie ganz deutlich sein Gesicht, und sie sollte Recht behalten. Sein Name lautete Garos de Espanola.

Bis dahin vergingen jedoch noch mehr als 12 400 Jahre. An einem gewittrigen Tag, als viele Blitze am Himmel zuckten, erschien plötzlich der neue Geistergott. Das geschah so: Die Frauen waren gerade dabei, Spinnennetze zur Dekoration ihrer Hütte aufzuhängen, als er auftauchte. Keine der Geisterfrauen hatte ihn bemerkt, als er durch die Wand geschwebt war, auf einmal jedoch zog ein unbekannter Geruch durch die Hütte. Alle Geisterfrauen sahen auf und erschraken. »Hilfe, ein fremdes Gesicht! Lasst uns von hier verschwinden!«, brüllte eine von ihnen, und alle flogen so schnell sie konnten weg.

Jedoch hatten sie bei ihrem überstürzten Aufbruch ihre mit Gold verzierte Truhe mit Elixieren und Blumen vergessen.

Mit diesen Elixieren, die für Menschen hochgiftig waren, rieben sich die Geisterfrauen ein, bevor sie ihre Tanzzeremonien machten, und die Blumen wurden zur Dekoration des Altars benötigt. Der Geistergott schnappte sich die Truhe und verbrannte sie, weil er wütend war, dass die Frauen vor ihm weggeflogen waren.

2 906 Jahre später zogen alle Geisterfrauen wieder in die Yucatanhütte ein. Noch dreimal erschien ihnen der Gott, sie bemerkten ihn jedoch nicht. Zornig ließ er daraufhin den Vulkan Popocatepetel ausbrechen, und bei dem Vulkanausbruch verwandelten sich die Geisterfrauen zu Staub.

Eine der Geisterfrauen hatte den Ausbruch überlebt und versteckte sich von nun an immer unter Palmen, ständig in Angst, doch noch vom Geistergott entdeckt zu werden. So irrte sie vollkommen verängstigt viele Monate durch Mexiko.

Eines Tages traf sie einen Bauern, der auf einer Kaffeeplantage arbeitete. Als er gerade eine Handvoll roter Bohnen in seinen Korb legen wollte, stand die Geisterfrau vor ihm. Er sah die Frau an und bemerkte, dass es sich hier um eine außergewöhnliche Erscheinung handelte. Als er sie fragte, wer sie sei, erzählte sie ihm, was ihr widerfahren war. Als sie geendet hatte, zischte es ganz laut, und sie zerfiel auf der Stelle vor den Augen des Bauers zu Staub.

Tief beeindruckt eilte der Bauer nach Hause. Er dachte lange über die Geschichte nach und beschloss schließlich, sich mir, Lorenzo de Acapulco, Geistlicher des Dorfes, anzuvertrauen und mich zu bitten, diese traurige Geschichte der Geisterfrau für ihn aufzuschreiben. Ich entsprach diesem Wunsch und notierte die Erlebnisse. Nachdenklich werde ich nun das Blatt aufrollen und es in einen Tonkrug stecken, ein Erbstück, das schon seit Jahrhunderten in meiner Familie an den ältesten männlichen Nachkommen weitergereicht wird. Ich will die Geschichte dort aufbewahren, weil seit einiger Zeit in Mexiko große politische Unruhen herrschen. Ich werde das Tongefäß in ein tiefes Erdloch versenken und hoffe, dass es irgendwann einmal gefunden wird, denn viele Menschen sollen vom Schicksal der Geisterfrau erfahren.

Gez. Lorenzo de Acapulco, im Jahre 1922

»Traurige Geschichte!«, entfuhr es Professor Glas. Er rollte das Schriftstück zusammen und steckte es vorsichtig in den Krug zurück. »Ich bin so furchtbar müde«, murmelte er dann und schlurfte nachdenklich unter den verdutzten Blicken seiner Studenten davon. Als er im Hotel angekommen war und nach der anstrengenden Arbeit endlich einschlafen wollte, ließen ihn die Gedanken an die Geisterfrau und auch die Freude über den sensationellen Fund des Tonkruges, der fast ein Jahrhundert lang nicht gefunden worden war, nicht mehr los. Denn die Aufzeichnungen bestätigten seine Vermutungen, dass es in der Gegend um den Popocatepetl eine hoch entwickelte Kultur ähnlich wie die der Inkas gegeben haben musste. Gleich morgen früh werde ich den Archäologen in aller Welt beweisen, dass ich doch Recht hatte, dachte Professor Glas überglücklich und schlief ein.

Die Macht des roten Steines

Charlotte saß in ihrer Klasse und schaute ungeduldig auf ihre Uhr. Noch 30 Sekunden, dann würde es klingeln, und sie würde sechseinhalb Wochen nichts von Professor von Goldschmied und seinen Mathetheorien hören, denn die Sommerferien standen bevor.

Ihr Zeugnis war nicht ganz so gut ausgefallen, wie sie gehofft hatte: eine Eins, fünf Zweien, zwei Dreien und eine Vier, aber insgesamt war sie zufrieden.

Ding, dang, dong! ertönte das heißersehnte Signal, die Schulglocke, mit lautem Klang. »Schöne Ferien«, rief Professor von Goldschmied, doch seine Worte gingen im Gejubel der Klasse unter.

Nach vielem Verabschieden und fröhlichen Schöne-Ferien-Wünschen schlenderte Charlotte die Dorfstraße mit den Geschäften entlang. Plötzlich hörte sie eine Fahrradklingel, und Elvira, ihre spanische Freundin, fuhr an ihr vorbei.

»Tschüss, Charlotte!«

»Schöne Ferien, Elvira!«, antwortete Charlotte, aber da war ihre Freundin schon hinter der nächsten Ecke verschwunden.

Charlotte wurde fast automatisch in die große Buchhandlung hineingezogen. Sie liebte dieses Geschäft, schon allein die Atmosphäre war toll: Die einzelnen Verkaufsräume wurden von vielen Kerzen beleuchtet. Wenn man nicht wusste, dass sie aus Plastik waren, konnte man Angst haben, die Bücher würden anfangen zu brennen.

In dem Raum für Kinder und Jugendliche gab es verschiedene Stilrichtungen, wie zum Beispiel Fantasy und Krimi. Eine große Drachenstatue stand im Fantasy-Bereich, der von einem Zaun aus einfachen und rauen Holzbalken begrenzt war. Der Drache wurde von Kerzen beleuchtet und schimmerte in seltsamen Farben, die ihn ein wenig unheimlich wirken ließen. Auf seinem Rücken waren Sitzmulden eingelassen. Innen am Zaun standen Blumen aus Stein, in denen kleine Elfen saßen. Einige Kobolde lagen auf oder lehnten sich an den Zaun, und zwei prächtige Einhörner waren am Eingang aufgestellt worden, als wollten sie einen begrüßen.

Charlotte studierte die Namen der Bücher, einige hatte sie schon öfter gesehen, andere schienen neu zu sein. Auf einem jedoch stand kein Name drauf. Sie zog genau dieses Buch heraus. Der dunkelrote Einband glitzerte im Kerzenschein, und mit goldener Schrift stand *Die Macht des roten Steines* darauf.

Plötzlich sagte eine Stimme: »Nimm das Buch mit, es kauft ja doch niemand.« Sie gehörte zu dem kleinen, buckligen Herrn Jordis, dem Inhaber des Ladens.

»Danke«, stotterte Charlotte und zwang sich zu einem Lächeln, das ihr jedoch nicht ganz gelang. Immer wenn sie Herrn Jordis sah, musste sie an eine ganz bestimmte Geschichte denken: »Der Glöckner von Notre-Dame«, denn Herr Jordis hatte den gleichen Buckel wie Quasimodo. Das Buch hatte sie nie gelesen, aber an den Film erinnerte sie sich genau.

Herr Jordis drehte sich zu einem Regal um, begann

einige Bücher einzusortieren, und Charlotte steckte das Buch in den Tornister, lief leicht verwirrt nach Hause.

Am Nachmittag zog Charlotte sich mit einem Teller Kekse in ihr Zimmer zurück, begann *Die Macht des roten Steines* zu lesen. Zwei Kinder, Mariella und Marietta, die Zwillinge waren, sollten im »Wald des Bösen« nach dem Schloss eines gemeinen Professor von Goldschmied suchen.

Professor von Goldschmied … Konnte das ein Zufall sein?

Sie las den Satz noch einmal. Nein, sie hatte sich nicht vertan, dort stand: Professor von Goldschmied. Ein wenig erschrocken und zugleich neugierig las sie weiter.

Kurz vor dem Schloss treffen Mariella und Marietta auf ein weiteres Kind, »die Auserwählte«, die ihnen helfen soll, den Professor zu töten.

Nun war auf einer Seite ein Bild mit den beiden gleich aussehenden Mädchen zu finden. Charlotte beugte sich et-was vor. Die zwei sahen so echt aus! Plötzlich sagte eine: »Hallo, Auserwählte, wir haben schon auf dich gewartet. Ich bin Mariella, und das hier ist meine Schwester Marietta.«

»Wie komme ich hier hin?«, fragte Charlotte erschrocken, merkte, dass sie neben den Zwillingen in einem Wald stand. Es war kein schöner Wald. Die Bäume sahen abgestorben aus, alles wirkte braun und matschig, es herrschte eine unheimliche Stille.

»Durch das Bild im Buch. Wenn wir das hier erledigt haben, kommst du wieder nach Hause«, sagte Marietta und in eine Kugel schauend fügte sie hinzu: »Kommt schnell, von Goldschmied befindet sich gerade im Keller, dort sind keine Wachen!«

Die Zwillinge rannten los, und Charlotte folgte ihnen, wenn auch zögernd.

Nach kurzer Zeit tauchte das Schloss zwischen den Bäumen auf. Sie rannten auf das Schloss zu und entdeckten abseits des Hauptportals eine kleine, morsch aussehende Tür. Sie war nicht abgeschlossen, und dahinter befand sich eine Treppe, die nach unten führte.

»Schnell«, flüsterte Mariella.

Zu dritt schlichen sie die Stufen hinab, gelangten an eine weitere offene Tür, die zu einem Verließ führte, aus dem ein beißender Geruch strömte.

»Igitt!«, entfuhr es Charlotte.

»Pst«, mahnte Marietta, »seht nur, dort!« Ihr Finger deutete auf Professor von Goldschmied.

Der Professor stand mitten im Verließ an einem Tisch. Soeben holte er mit einer Pinzette einen blutroten Stein aus einem dampfenden Kessel heraus. Mit einem hämischen Grinsen im Gesicht führte er den funkelnden Stein in Richtung eines Reagenzglases, das über einem Bunsenbrenner befestigt war.

»Wieso will er das machen?«, flüsterte Charlotte ängstlich.

Mariella drückte Charlotte ein Messer in die Hand. »Du musst ihn töten. Wenn Goldschmied es schafft, den

Stein zu verbrennen, wird das Böse über die Menschheit regieren.«

»Ich kann das nicht«, wisperte Charlotte zitternd.

»Du musst es aber.«

»Das ist mein Mathelehrer. Ich kann ihn nicht so einfach umbringen«, sagte Charlotte und hielt Mariella das Messer wieder hin. »Tu du es!«

»Wir können es nicht. DU bist die Auserwählte. Und wenn du nicht schnell machst, ist es zu spät.«

Es blieb keine Zeit mehr zum Zögern. Der Professor war gerade dabei, den Stein ins Reagenzglas zu versenken. Charlotte zielte und warf das Messer auf den Professor. Es durchbohrte seinen Körper. Noch im Fallen entfuhr ein schauriger Ton seiner Brust, während das Reagenzglas auf dem Boden zersplitterte und der Edelstein in tausend Stücke zerbarst.

Benommen verließen Charlotte und die Zwillinge gemeinsam das Schloss. Sie staunten: Oben im Wald, wo es noch eben nur abgestorbene Bäume und Sumpf gegeben hatte, war jetzt eine riesengroße Wiese entstanden. Blumen in allen Farben leuchteten in der Sonne, und wunderschöne Bäume, die Charlotte noch nie zuvor gesehen hatte, ragten hoch in den Himmel. Auf einer Lichtung befanden sich Rehe und Hirsche, die neugierig zu ihnen herübersahen.

»Auf Wiedersehen«, sagten Mariella und Marietta, »besuch uns mal wieder hier. Du weißt ja, wie du zu uns kommen kannst.«

»Mal sehen«, sagte Charlotte, denn auf noch so ein

Abenteuer verspürte sie wenig Lust – und plötzlich lag sie wieder auf ihrem Bett in ihrem Zimmer.

Nach den Sommerferien bekamen Charlotte und ihre Klasse eine neue Mathelehrerin, Frau Bouwen. Ihr Vorname lautete Mariella.

Oder Marietta?

Caroline Sensen, 10 Jahre

JLIC

Carla war mit ihrem 12-jährigen Bruder Moritz und ihren Eltern auf dem Weg nach Hamburg. Bisher hatte die Familie auf einem Bauernhof gelebt, nun aber zog sie in ein Haus an der Außenalster. »Papa, wann sind wir endlich da?«, quengelte Moritz. Ja, der zwei Jahre ältere Bruder freute sich auf das neue Zuhause. Carla seufzte. Papa antwortete: »Dahinten kommt ein Stau, dann wird es wohl noch eine Weile dauern!« Er stöhnte. Carla aber dachte währenddessen ununterbrochen an ihre allerbeste Freundin Lea. Die beiden waren Nachbarinnen und unzertrennlich dicke Freundinnen gewesen. Sie hatten sich jeden Tag getroffen – früher. Jetzt ziehen wir in das blöde Haus an dieser bescheuerten Außenalster! Ihr kamen fast die Tränen. Nicht länger Übernachtungspartys, Übernachtungen im Kuhstall oder Spaziergänge am Bach mit Lea! Carla sah mit feuchten Augen auf ihre Armbanduhr, deren Zifferblatt mit einem Pferdekopf verziert war. Die Uhr war das Abschiedsgeschenk von Lea. Noch vor zwei Stunden hatten sich die beiden

Freundinnen versprochen, dass sie jeden Tag telefonieren wollten.

Auf einmal schlief Carla im Auto ein und träumte davon, wie sie und Lea in der Morgendämmerung zum Bach hinunterhüpften. Dort bauten sie Wasserräder und machten Spaziergänge. Leas rotes Haar flog im Wind. Doch dieser Traum war bald vorbei, und die Familie zog in das neue Haus ein.

Als Carla am nächsten Morgen auf einer harten Liegematte, die ihr Ersatzbett darstellte, aufwachte, huschte sie schnell zu einem der Umzugskartons und zog sich Jeans und T-Shirt an. Sie schaute aus dem Fenster und sah, wie Papa und Moritz in einem Paddelboot mitten auf der Außenalster trieben.

Hungrig öffnete Carla die Haustür und sagte zu Mama: »Guten Morgen!« Diese lag in ihrem neuen Liegestuhl und las. Carla stopfte sich ein Brötchen mit Nutella in den Mund und trank ein Glas Apfelsaft. Traurig ging sie durch das Gartentor über den sandigen Boden in Richtung Wasser.

»Guten Morgen, Carla, willst du nicht auch mal reinkommen? Macht dir bestimmt Spaß!«, rief Papa und paddelte auf das Ufer zu. Carla schüttelte entschlossen den Kopf. »Dann nicht«, sagte Papa und stieß das Boot vom Ufer ab.

Carla lehnte sich an einen Baum und machte die Augen zu. Vor sich sah sie Lea und sich über die Kuhweide laufen, wie sie es früher oft taten, wenn sie zum Bach wollten. Wie schön wäre es jetzt mit Lea! Auch wenn sich die beiden Freundinnen mal gestritten hatten – irgendwann waren sie kichernd zusammengebrochen, und der ganze Streit war wieder vergessen.

Plötzlich spürte Carla, dass ihr jemand auf die Schulter tippte. Sie öffnete die Augen und blickte in ein Gesicht mit roten Backen. Das Mädchen hatte blonde Haare, die ihm bis zur Schulter reichten. Lange Zeit musterten beide sich. Dann sagte das fremde Mädchen: »Ich heiße Julia, und das hier ist für dich!« Julia gab Carla ein Döschen von der Größe einer Streichholzschachtel. Es war verziert mit aufgemalten Blumen, einem Aufkleber in Form einer Lupe, und vorne drauf stand: JLI. »Vielleicht bald JLIC!«, sagte Julia und ging.

Carla war ganz durcheinander: Was bedeutete JLI? Warum bald JLIC? Wer war diese Julia? Was war in dem Döschen?

Carla steckte das Döschen in die Hosentasche und schlich in ihr Zimmer. Dort zog sie die Gardinen zu und schloss die Tür. Vorsichtig öffnete sie das Geschenk. Zum Vorschein kam ein hellgrüner Schlüssel, in den »JLI« eingeritzt worden war. Außerdem lag da ein Zettel, auf dem stand: Um 14.00 Uhr am Eichenweg 4!

Ich wohne Eichenweg 20, dann ist die Nr. 4 ganz in der Nähe, dachte Carla und sah auf ihre Pferdeuhr. Noch war Zeit. Sie schloss das Döschen und steckte es in ihre Hosentasche.

Carla lief nach draußen und rief Papa, der mit Moritz noch immer auf der Außenalster paddelte, zu: »Ich möchte mitpaddeln!« Papa steuerte das Boot auf Carla zu, und sie setzte sich neben ihn auf die Bank. Carla durfte paddeln. Das ging ziemlich in die Arme, aber es machte ihr Spaß. Sie paddelte und paddelte, bis sie plötzlich wieder an den Brief dachte. Sie schaute auf ihre Pferdeuhr und erschrak: Schon 13.45 Uhr! In einer Viertelstunde musste sie am Eichenweg 4 sein! »Ich habe keine Lust mehr zu paddeln«, sagte sie zu Papa. Er schaute etwas enttäuscht, aber sagte nichts dagegen.

Zügig paddelte Carla ans Ufer. Dort angekommen, stieg sie gelassen aus, damit Papa ja keinen Verdacht schöpfte. Sie wartete, bis das Boot kehrt machte, sah sich nach Mama um, die in ihrem Liegestuhl schlief, dann machte sie sich schnell auf den Weg. Die anderen sollten von ihrem Ausflug nichts mitbekommen.

Vor ihrem Haus bog sie links ab, und da war sie schon bei der Nr. 4. Mit klopfendem Herzen wollte Carla auf die Klingel drücken, da sah sie, dass neben dem Klingelschild ein Stück Papier mit Tesafilm festgeklebt war. *Geh in den Garten!*, stand auf dem Papier. Carla schaute sich um. Tatsächlich führte ein kleiner Fußweg um das Haus herum in einen wild gewachsen Garten.

Carla überlegte kurz. Was sollte sie tun? Dann ging sie entschlossen den Fußweg entlang. Plötzlich knarrte ein Fenster im Haus über ihr. Sie erschrak und schlug sich in die Büsche, krabbelte unter einem Rhododendron durch und stieß auf einen Schuppen. Genau in dem Moment wurde die Tür des Schuppens aufgerissen. Julia und ein Mädchen mit einer braunen Kurzhaarfrisur tauchten auf.

Julia entdeckte sie und sagte: »Hallo, Carla, wir erwarten dich schon, komm rein!« Sie betrachtete Carlas mit Matsch verschmierte Knie mit einem seltsamen Blick.

»Hallo Carla, ich bin Leonie, und das ist Iska«, sagte das braunhaarige Mädchen und zeigte auf einen großen Hund mit schwarzem Fell, der neben ihr auftauchte.

Komisch, dachte Carla, die wissen ja meinen Namen, und ging hinter den anderen in den Schuppen hinein. Julia schloss hinter ihr die Tür. Iska legte sich auf eine Wolldecke in der Ecke, während sich die drei Mädchen auf Gartenmöbel setzten und Julia erklärte: »Wir, das heißt Leonie, Iska und ich, haben einen Detektivclub gegründet. Wir sind schon sehr erfahrene Detektive!«

Ein Mitglied eines echten Detektivclubs zu sein, wäre spannend, dachte Carla. In dem Moment sprang Iska auf. Mit wedelndem Schwanz kam sie auf Carla zu, und Carla streichelte die große Hündin hinter den weichen Ohren.

Verwundert fragte Leonie: »Hast du überhaupt keine Angst vor so einem großen Hund?«

»In meinem alten Zuhause gab es viele große Tiere«, sagte Carla. »Und meine Freundin Lea hat auch einen Hund.«

Julia und Leonie sahen sich an. Dann sagte Julia: »Du bist ja neu hier. Du könntest auch bei uns Detektivin werden. Aber erst musst du dich beweisen.«

Carla nickte. Dann fragte sie misstrauisch: »Woher wisst ihr eigentlich meinen Namen?«

Leonie stand auf. »Am besten, du lernst es einfach selbst!«

»Was lernen?«, fragte Carla neugierig.

»Das mit dem Belauschen anderer Leute«, antwortete Julia. »Und das wird auch deine Aufgabe sein: Du gehst zu Hausnummer 17. Dort musst du herauskriegen, wer genau in diesem Mehrfamilienhaus wohnt. Aber Vorsicht: Es sind deutlich mehr, als auf den Klingelschildern stehen! Wir geben dir eine halbe Stunde, das muss reichen, dann treffen wir uns wieder hier.«

Sofort machte Carla sich auf den Weg. Als sie vor dem Haus mit der Nummer 17 stehen blieb, kribbelte es ihr im Bauch. Sie wollte eine Detektivin werden, aber was war, wenn sie die Prüfung nicht bestand?

Da kam ein Mann mit Glatze aus der Haustür. Er sah ziemlich schlecht gelaunt aus. Carla ging einen Schritt nach vorne und hielt so mit dem Fuß unauffällig die Tür einen Spalt offen. Als der Glatzkopf hinter der nächsten Hausecke verschwunden war, huschte sie in den Flur.

An den Briefkästen standen Namen und Carla notierte: Jörg Neu, Katharina Stock, Manfred Bisam, Simone Katz, Silvie Backe, Insa Ihle. Da bemerkte Carla zwei tuschelnde Frauen hinter sich. Sie spitzte die Ohren und hörte, wie die eine sagte: »Ich bin neu hier. Mein Name ist Linda Berg. Ich übernehme die Wohnung von Manfred Bisam, er zieht weg von hier, dieser schlecht gelaunte Typ.« »Herzlich willkommen, mein Name ist Katharina Stock und … « Carla notierte: 3. Stock, Linda Berg und strich Manfred Bisam durch.

Schnell wollte sie in den Aufzug huschen, da wurde sie von Linda Berg bemerkt: »Hallo! Wo willst du denn hin?« Carla schielte auf ihren Notizblock und stotterte: »Äh …

ich … äh … möchte gerne zu Familie … äh … Neu. Ja genau, zu Familie Neu.« Katharina Stock erklärte ihr lächelnd: »Die Aufzugtür hier unten klemmt und muss erst repariert werden. Du kannst den Aufzug erst ab dem 1. Stock benutzen.«

Carla rannte erleichtert, weil nicht mehr Fragen auftauchten, die Treppe zum 1. Stock hoch. Dort kam aus der Tür ein kleines Kind gelaufen, hinter ihm eine alte Frau. »Maximilian, bleib hier! Bleib bei der Oma!« Der Junge lief Carla direkt in die Arme, und sie hielt ihn fest. »He, hörst du nicht, was deine Oma sagt!« Einen Augenblick lang starrte der Junge sie an, dann machte er kehrt und lief in die Wohnung zurück. Die alte Frau lachte. »Oh, hallo, wer bist du denn?«, fragte sie.

»Ich heiße Carla und bin neu hier in Hamburg.«

»Möchtest du zum Plätzchenessen reinkommen?«

Carla überlegte kurz, die Frau sah nett aus. Sie schaute auf ihre Armbanduhr und antwortete schließlich: »Nein, danke. Ich habe es eilig«, und das war nicht gelogen, denn sie hatte nur noch eine Viertelstunde Zeit! Carla las auf dem Schild neben der Wohnungstür den Namen von Maximilians Mutter und notierte ihn. Sie schrieb Maximilian dazu.

Im zweiten Stock ging auch eine Tür auf. Eine Frau begann den Boden zu fegen. Carla wunderte sich, eigentlich quatschte Katharina Stock, die hier wohnen sollte, doch unten mit Linda Berg. Ganz höflich sagte sie zu der fegenden Frau: »Guten Tag.« Die Frau schaute von ihrer Arbeit auf. »Ich bin Carla Alsdorf, ich bin neu hier in Hamburg!«

Die Frau lehnte den Besen an die Wand. »Und ich bin die Freundin von Katharina Stock und hier nur zu Besuch, doch ich habe Katharina versprochen, ihr ein wenig zu helfen.« – »Ich will sie auch gar nicht aufhalten. Noch einen schönen Tag«, sagte Carla schnell und hüpfte die Stufen zum dritten Stock hoch.

Dort war es dunkel und unheimlich. Carla tastete nach dem Lichtschalter, doch die Lampe funktionierte nicht. Moment, Carla dachte nach, Manfred Bisam wohnt hier, der ist mir ja unten entgegengekommen. Sie drückte den Aufzugschalter, wartete, stieg in den Aufzug ein.

Dort war Carla nicht die Einzige. Ein braunhaariger Mann mit einem Jungen wollte auch in den vierten Stock. Auf Carlas Notizblock stand für den vierten Stock aber eine Frau! Plötzlich fiel der Schlüssel des Mannes auf den Boden. Hilfsbereit bückte Carla sich nach dem Schlüssel und gab ihn zurück. »Danke schön!«, sagte der Mann. Der Aufzug hielt an, alle stiegen aus. Carla blieb unschlüssig stehen. »Gehören sie zu Frau Katz?«, fragte sie dann mutig. Der Mann lachte erstaunt auf. »Ja, ich bin ihr Bruder, und das ist ihr Sohn Paul. Du bist doch nicht von hier, oder?«, fragte der Mann, während er die Wohnungstür aufschloss. »Nee, ich komme vom Land.« Carla schaute verlegen auf ihre Uhr. »Ähm, Entschuldigung, ich habe noch ein bisschen was vor.« Die fünf Minuten, die sie noch übrig hatte, musste sie noch in zwei Stockwerke!

Im fünften Stock schien niemand zu Hause zu sein. Doch auf der Fußmatte lag eine Rechung an Tom Backe. So ein Glück, dachte Carla und ergänzte den Namen Tom neben Silvie Backe auf ihrem Notizblock. Zwei Minuten nur noch!

Carla hetzte die letzte Treppe hoch. Dort hockten ein kleines Mädchen und ein kleiner Junge und malten auf ein Stück alte Tapete. Neben ihnen lag ein Hund. Plötzlich kam aus der Wohnungstür ein Mann und sagte: »Lisa, Tim, kommt jetzt bitte zum Essen!« Lisa antwortete: »Wir kommen gleich, Papa.« Carla kritzelte noch ganz schnell auf ihren Notizblock: Lisa, Tim, Vater, Insa Ihle und Hund. Dann raste sie nach unten. Den Aufzug benutzte sie nicht, denn er war viel zu langsam. Nur noch 30 Sekunden Zeit!

Carla hastete in den Garten, rannte durch die Büsche und kam zum Glück gerade noch rechtzeitig bei Julia, Leonie und Iska an. Sie ließ sich ganz erschöpft auf einen der Gartenstühle plumpsen und erzählte von ihren Begegnungen mit den Hausbewohnern.

»Kein Zweifel mehr. Carla ist eine gute Detektivin und passt zu uns!«, sagte Julia feierlich. »Wir sollten eine Party feiern, dass wir uns kennen gelernt haben und dass Carla die Prüfung als Detektivin bestanden hat.«

Carla schlug vor: »Wir machen gleichzeitig ein Umzugsfest. Wie wäre es, wenn wir uns Samstagabend so gegen sechs in meinem Garten treffen?«

»Au ja«, rief Leonie, und Iska neben ihr wedelte freudig mit dem Schwanz.

»Also dann – bis Samstag«, verabschiedete sich Carla.

Auf dem Weg nach Hause dachte sie: Direkt am ersten Tag schon zwei Freundinnen gefunden und außerdem ein

Mitglied des JLIC geworden! Das werde ich gleich Lea erzählen, und voller Freude sprang sie über einen Rhododendron.

◆ Wahres »Glück«

Manchmal schreibt das Leben die aufregendsten Geschichten. Großartig, könnte man meinen, dann muss man nichts erfinden. Oder doch?

Immer wieder wird es vorkommen, dass du auf Erlebnisse zurückgreifen kannst, die dir tatsächlich passiert sind. Aber Vorsicht, wenn du daraus eine Geschichte für deine Leser machst. Du kannst alles, *so wie es wirklich war,* erzählen, und trotzdem fehlt wahrscheinlich etwas, das deine Geschichte für andere interessant macht. Denn oft gelingt ein Text gerade dann nicht, wenn du zu sehr an der Wahrheit hängst. In deiner Erinnerung steht alles bereit, nichts fehlt. Aber der Leser kann meist dein Herzklopfen, deinen Adrenalinstoß, den Kick erst dann nachempfinden, wenn du darüber mit der Distanz eines Außenstehenden schreibst.

Hast du schon einmal mitverfolgt, dass eine Geschichte wieder und wieder erzählt wurde und wie sie sich dabei von Mal zu Mal ein klein wenig veränderte? Es gibt ein Spiel, das du sicher auch kennst: Stille Post. Dabei flüstert dir dein Nachbar etwas ins Ohr, und du muss es deinem nächsten Nachbarn weiterflüstern. Der Letzte in der Runde muss dann die ganze Geschichte vortragen, die oft mit der vom Anfang nur noch wenig gemeinsam hat. Doch im Gegensatz zur Stillen Post, wo die Aussagen und die Geschichte sich ungeplant und spontan verändern, solltest du die Details deiner Geschichten vorher planen.

Die Geschichte, die Hannah erzählt, ist tatsächlich geschehen. Sogar die Namen stimmen, auch das Haus gibt es. Dennoch war nicht alles so wie in ihrer Geschichte. Hannah hatte beschlossen, für den Leser zu schreiben, und gewagt, die Handlung, Dinge und Dialoge zu verändern.

Hannah Mauss, 8 Jahre

Glück gehabt

Es ist Abend. Familie Mauss ist zu Hause, alle sind oben im ersten Stock. Die Mutter zieht Baby Leonie an, Hannah steht unter der Dusche, und Hannahs achtzehnjähriger Bruder Philipp hängt vor dem Computer. Plötzlich gibt es etwas wie einen leisen Knall, alle Lichter gehen aus, und der Hund Spotty fängt an zu bellen. Hannah hört, wie ihre Mutter zu ihrem Bruder sagt: »Geh doch bitte mal kurz runter. Ich glaube, der Hund hat ein Kabel angefressen.«

Das hat Hannah gehört. Sie steigt aus der Dusche, trocknet sich in Windeseile ab und zieht ihren Schlafanzug an. Zusammen mit Philipp läuft sie die Treppe zum Keller hinunter, Spotty läuft aufgeregt im Erdgeschoss hin und her. Vor der Kellertür riechen sie schon Feuer. Es qualmt auch.

Hannah und Philipp rennen die Treppe wieder hoch, da kommt ihre Mutter mit ihrer Schwester Leonie, die nur die Unterwäsche anhat, aus dem Babyzimmer. Hannah berichtet. Sofort ruft die Mutter mit ihrem Handy die Feuerwehr.

Die Feuerwehr sagt nur: »Schnell! Alle aus dem Haus!«, und Hannah flüchtet mit ihren Geschwistern und dem Hund zum Nachbarn.

Die Feuerwehr stellt fest, dass die Heizung abbrannte und dass der Kessel ganz schwarz geworden war. Hannah und ihre Schwester Leonie schlafen bei ihren Großeltern, Omi und Opi. Die Eltern, der Bruder und der Hund Spotty müssen zu Hause schlafen.

Am nächsten Tag kommt der Heizungsinstallateur. »Da hat Familie Mauss ja noch einmal Glück gehabt, dass sie gewarnt wurde und dass das Licht ausgegangen ist«, sagt er und sieht auf den Hund hinab. »Sie haben eine Gasheizung, da hätte es einen ordentlichen Knall geben können, und dann wäre das ganze Haus explodiert.«

Oh, denkt Hannah, einen leisen Knall hatten alle gehört. Aber der lag daran, dass Spotty eine Kassettenhülle angebissen hatte. Dieser Hund!

Hannah beschließt, Spotty trotzdem für sein heldenhaftes Verhalten zu belohnen. Heimlich, denn die Mutter muss es ja nicht sehen, wenn er das Putenschnitzel vom Mittagessen bekommt.

Dass Pauls Geschichte erfunden ist, erkennt man schon daran, dass seine Figuren Tiere sind. Die Geschichte besteht aus mehreren Kapiteln, zwei davon werden hier vorgestellt. Im ersten müssen sich Pauls Tiere mit einem Problem befassen, das recht menschlich erscheint. Im zweiten wird es dann richtig aufregend.

(Aus: Die Würmerfamilie)

Familie Ohnebein zieht um

Familie Ohnebein hieß eine Wurmfamilie. Zur Familie gehörten Mama Schick, die jeden Tag ein anderes Kopftuch trug, und Papa Schnarch, der gerne schlief und dabei so laut schnarchte, dass Mama Schick oft nächtelang nicht schlafen konnte. Die beiden hatten drei Kinder: Knack, Knuck und Pimpf, wobei Pimpf der jüngste war.

Schon immer wollten die Ohnebeins umziehen, denn sie hatten Pech. Sie bewohnten ein undichtes Haus, und da, wo es immer reinregnete, mussten sie Schüsseln aufstellen, und das jeden Tag: Wasser wegschütten, Eimer hinstellen, Wasser wegschütten, Eimer hinstellen … Das nervte sie ziemlich, deswegen beschlossen sie umzuziehen.

Alle halfen kräftig mit. Mama Schick und Papa Schnarch packten die Kleidung ein und die Kinder das Spielzeug. Da gab es zum Beispiel aus Hölzern und Blättern selbstgebastelte Segelboote, Matschkugeln und Kastanien, in die gruselige Gesichter geritzt waren. Es brauchte nur einen einzigen Tag, bis sie alles verstaut hatten und nur noch die Betten standen. Bald war es so weit. In ihr neues Zuhause, so hofften sie, würde es nicht mehr reinregnen, und sie müssten keine Schüsseln mehr aufstellen. Alle freuten sich riesig. Die Familie zog sich an.

Die Suche nach einem neuen Haus dauerte eine Stunde. Mama Schick rückte ihr Kopftuch zurecht und rief begeistert: »Weit und breit keine Bäume, wo Vögel ihre Nester haben. Hier hat man seine Ruhe!« Papa Schnarch schwärmte von der weichen Erde, und die Kinder fanden es toll, dass es in der Nähe eine große Wiese gab, wo man sich gegenseitig mit Matschkugeln bewerfen konnte.

Der erste Regenguss kam schon bald, und kein Tropfen drang in ihr Haus. Familie Ohnebein freute sich riesig. Zum Abend schmückte sie ihr neues Heim mit Beeren und Eichenblättern, die Mama Schick besonders schön fand. So konnten sie mal wieder richtig feiern, ohne nass zu werden, alle waren begeistert. Pimpf, Knack und Knuck tanzten sogar vor Freude. Es gab ganz saftige Blätter, das schmeckte ihnen sehr gut. Sie konnten lange nicht einschlafen, so viel hatten alle gegessen.

Der Albtraum

In der Nacht hatte Knuck einen ganz schlimmen Traum. Er träumte, dass das ganze Haus zertrampelt wurde. Familie Ohnebein musste nach draußen flüchten, und da wurden alle aufgefressen. Knuck wachte auf und rannte zu Mama Schick. Er erzählte ihr den Albtraum. Mama Schick beruhigte Knuck: »Das war doch alles nur ein Traum.« Sie ließ ihn zu sich ins Bett schlüpfen. Da war Knuck beruhigt und schlief gut weiter.

Am nächsten Morgen erzählte er diesen Traum der restlichen Familie. Alle hörten gespannt zu. Als Knuck fertig berichtet hatte, sprach Pimpf, der jüngste, ängstlich: »So etwas darf uns nicht passieren.« Pimpf ahnte noch nicht, was ihn an diesem Tag erwarten sollte.

Als sie mit dem Frühstück fertig waren, gingen Knack, Knuck und Pimpf zu ihrer Lieblingswiese und spielten Fangen. »Passt auf!«, rief auf einmal Knack. »Da, Vogel – «, mehr konnte er nicht sagen. Der Vogel pickte knapp an Knack vorbei.

In der Zwischenzeit hatten sich Knuck und Pimpf eingraben können und trafen sich unter der Erde. »Wir müssen Knack helfen«, sagte Pimpf, und auf sein Kommando hin schossen beide mutig aus ihrem Versteck heraus, ringelten sich, bevor der Vogel wusste, was ihm geschah, um seine Beine, und als er erschreckt aufflog, ließen Knuck und Pimpf wieder los. Knack hechelte: »Das war vielleicht knapp.«

Knack, Knuck und Pimpf machten sich sofort auf zu ihren Eltern. Ganz aufgeregt erzählten sie, was passiert war. Sie hatten Todesängste ausgestanden.

Die Eltern sagten: »Wenn ihr wieder draußen spielen wollt, guckt jeder ab jetzt in eine andere Richtung, so dass euch nicht erneut etwas passieren kann«.

Das taten Knack, Knuck und Pimpf dann auch. Sie zogen sich wasserfeste Mäntel an, weil es zu regnen begann, und zwar in Strömen. Blitze zuckten unter den schwarz geplusterten Wolken hervor, und Donner grollte aus dem Himmel. Trotzdem gingen sie aus dem Haus, da sie ja Regen liebten. Sie versuchten, so gut wie sie nur konnten, um sich zu gucken, trotzdem half es nicht. Auf einmal bemerkten Knack und Knuck, dass der kleine Pimpf fehlte.

Sie stürmten nach Hause, klingelten an der Haustür und erzählten, dass Pimpf spurlos verschwunden war.

Mama Schick begann zu heulen, von den Tränen wurde ihr Kopftuch nass, und selbst Papa Schnarch war auf einmal hellwach. Doch was sollten sie tun? Alle saßen traurig im Wohnzimmer und berieten sich.

In der Zwischenzeit erlebte Pimpf ein großes Abenteuer. Er wurde von einem riesigen Menschen gepackt und an einen Angelhaken aufgespießt, dann ins Wasser geworfen. Doch, was war das! Da kam ein Fisch auf ihn zu, und Fische, das wusste selbst der kleine Pimpf, waren für Würmer mindestens so gefährlich wie Vögel.

Tatsächlich begann der Fisch, um Pimpf herumzuschwimmen. Ihm wurde es unheimlich. Bibbernd fragte er: »Was fuchtelst da an mir herum?«

Der Fisch fragte zurück: »Was machst du denn hier?«

Darauf erwiderte Pimpf: »Ein Mensch hat mich gepackt und an einen Haken aufgepiekst.«

»Na, da hast du aber noch mal Glück gehabt. Ich bin ein Karpfen und von der Fischpolizei, wir fressen keine Würmer. Die Fischpolizei muss anderen helfen.« Er half Pimpf freizukommen, und dieser bedankte sich, schwamm voller Freude ans Ufer.

Pimpf sauste nach Hause und klingelte Sturm. Mama Schick öffnete mit roten Augen die Tür. »Pimpf, mein kleiner Pimpf! Wo kommst du nur her?« Sie zog ihn ins Wohnzimmer, wo Pimpf alles erzählte, und Familie Ohnebein freute sich riesig, dass alles gut ausgegangen war. Pimpf wurde von allen Seiten geküsst und umarmt. Erst nach einer Viertelstunde beruhigten sich die Würmer wieder.

◆ Zum Thema »Mut«

In deiner Geschichte kannst du zum Beispiel von jemandem erzählen, der plötzlich etwas tut, vor dem er vorher immer Angst gehabt hatte, oder sich dadurch mutig zeigt, dass er sich als Einziger gegen etwas entscheidet. Oder von einem, der eine Mutprobe erfolgreich besteht, vielleicht mit einem »blauen Auge« davongekommen ist oder sogar richtig Pech hatte. Es kann in deiner Geschichte lustig oder ernst zugehen, es können neue Freunde gewonnen werden, oder man wird falsche Freunde endlich los.

Diese Beschreibung habe ich den Teilnehmern meiner Schreibgruppen gegeben und sie gebeten, eine Geschichte zum Thema »Mut« zu schreiben. Es sind etliche interessante Texte dazu entstanden. Wer mutig ist, ist auch beherzt, er ist mit ganzem Herzen dabei. Bei einer Mutprobe kann schon mal das Herz »bis zum Halse schlagen« oder »in die Hose rutschen«. So ist es zwischendurch einigen Personen aus den Geschichten von Bastian, Friederike, Laureen, Lisa, Dana, Hannah und Daria gegangen. Ihre Helden, die Hauptfiguren, überwinden ihre Angst vor Höhe, Enge oder Dunkelheit. Einige zeigen Mut, indem sie sich gegenüber anderen behaupten. Aber auch um Freundschaften und Verliebtsein geht es beim Thema Mut.

Vielleicht weißt du selbst, wie das ist, wenn du etwas tust, was du dir niemals zugetraut hättest. Wenn nicht, dann kannst du

es gleich ausprobieren, indem du dich an eine Geschichte über
»Mut« heranwagst.

Bastian Frings, 12 Jahre

Eine gruselige Mutprobe

Martin hatte sich in ein Mädchen in seiner Parallelklasse
verliebt. Als seine und die andere Klasse zu einem mehrtä-
gigen Ausflug aufbrachen, ergriff er die Chance und setzte
sich im Bus neben Klara, das Mädchen, in das er sich verliebt hatte, und sprach sie an.

»D-du bist Klara, o-oder?«, stotterte Martin, als er neben dem Mädchen Platz nahm. Er wusste, dass sie Klara
hieß, wollte jedoch nur ein Gespräch beginnen.

»Ja«, sagte Klara.

»Und, wie geht es dir?«

»Mir ging's gut, bevor du gekommen bist!«, fauchte sie
wütend.

Martin schaute sie verblüfft an.

Plötzlich stieß ihn jemand vom Sitz herunter. Es war
Jim, ein kräftiger Bursche, der nicht viele Freunde hatte.
Doch genau wie Martin war er hinter Klara her. »Du bist
ihr einfach nicht cool genug«, lachte Jim.

»Das stimmt!«, rief Klara höhnisch.

Doch Martin ließ sich nicht so leicht unterkriegen.
»Was kann ich tun, damit ich für dich cool genug bin?«,
fragte er Klara entschlossen.

»Hm …«, überlegte Klara. »Eine Mutprobe!«, sagte sie

dann, und Jim grinste: »Ich weiß auch schon, was als Mutprobe in Frage kommen könnte!«

Plötzlich hielt der Bus mit einem Ruck an. Die Kinder stürmten aus dem Bus hinaus zur Jugendherberge, die fünf Stockwerke, viele Fenster und einen großen Sportplatz hatte.

Beim Abendessen setzten sich Klara und Jim neben Martin. Zusammen besprachen sie Martins Mutprobe. Er solle mitten in der Nacht zum Friedhof spazieren, forderte Jim, und dort eine Stunde verbringen. Das gefiel auch Klara. Jim solle mitkommen, um zu bestätigen, dass Martin auf dem Friedhof gewesen sei. Und so wurde es beschlossen.

Als die Nacht gekommen war, machte sich Martin auf den Weg. Jim wartete schon auf ihn. Am Friedhof angekommen, waren die beiden Jungen ganz ruhig. Kalter Wind kam ihnen entgegen. Mit jedem Schritt, schien es Martin, wurde der Wind kälter und kälter. Doch sie gingen trotzdem weiter, als würden sie von dem Moder, der vom Friedhof ausging, angezogen. Dann standen beide direkt vor dem Friedhofstor. Martin betrat den Friedhof, während Jim am Tor auf ihn wartete.

Martin hatte sich noch nicht weit von Jim entfernt, da ertönte ein schriller Schrei. Erschrocken drehte er sich um und bemerkte, dass Jim verschwunden war. Martins Herz begann zu rasen. Plötzlich spürte er, wie ihn eine knochige Hand am Fußgelenk packte. »Ah!«, schrie Martin und versuchte sich loszureißen, doch die Hand hielt ihn fest.

»Warum willst du denn weglaufen? Ich bin's doch, Jim«, lachte eine Stimme höhnisch.

Es war tatsächlich Jim. Doch sein Körper war verwest. Er war eine lebende Leiche! Seine andere Hand presste sich auf Martins Mund und Nase, sodass er keine Luft mehr bekam. Er spürte noch, wie Jim ihn irgendwohin schleppte und dachte bei sich: Ich hätte mich niemals auf diese Mutprobe einlassen dürfen; jetzt weiß ich, dass Mutproben dumm sind, und wenn mich Klara nur liebt, wenn ich cool bin, dann soll sie mich gar nicht lieben … Dann wurde Martin ohnmächtig.

Als er die Augen wieder aufmachte, war es Morgen, und Martin lag in seinem Zimmer der Jugendherberge. Da wurde ihm klar, dass alles nur ein Traum war. Doch als er zum Frühstücken ging, kam Klara ihm entgegen und sagte: »Hey, Martin! Ich habe einen Zettel von Jim. Er schreibt, du hast die Stunde auf dem Friedhof überstanden.«

Wieso Friedhof?, fragte sich Martin, ich war doch gar nicht auf dem Friedhof, außer in meinem Traum.

»Wo ist Jim überhaupt?«, fragte Klara.

Jim war verschwunden.

Nun hatte Martin eine schreckliche Ahnung.

Friederike Veigl, 14 Jahre

Geburtstagskuchen

Meena war zu Besuch bei ihrer Tante. Die Tante wollte mit ihr einen Aprikosenkuchen als Geburtstagsgeschenk für ihren Großvater backen. Daher bat diese sie, ihr Aprikosen aus dem Keller zu holen, der Großvater hatte sie dort gelagert. Aber Meena hatte ein Problem: Der Keller war dunkel, und sie traute sich nicht allein hinunter. Gleichzeitig wollte sie ihre Tante nicht enttäuschen, denn sie hatte sich letzte Woche den Fuß gebrochen, konnte jetzt also nur noch langsam humpeln und keine dunklen Kellertreppen mehr hinabsteigen.

Meena wusste, dass sie ihr helfen musste. Sie stand auf der ersten Stufe der Kellertreppe, und vor ihr gähnte ein dunkles Loch. Nicht einmal richtig Licht gab es da unten. Zum Glück hatte ihr die Tante wenigstens eine Taschenlampe gegeben. Nur war die Taschenlampe leider schon sehr alt und hatte noch dazu eine schwache Birne. Während Meena noch überlegte, hörte sie plötzlich Schritte. Ihre Tante kam die Treppe vom ersten Stock heruntergehumpelt.

Meena ging die erste Stufe abwärts. Angst kroch ihren Rücken hoch. Würde unten gleich ein Gespenst sitzen? Oder sich hinter dem Gerümpel ein Einbrecher verstecken? Würde er sie mit sich nehmen und sie klauen wollen? Nicht mehr lange, das spürte sie, dann würde sie anfangen zu weinen. Ein lauter Schritt! Neiiin! In wenigen Sekunden würde die Tante im Flur erscheinen, und Meena war noch immer nicht losgegangen. »Eins, zwei, drei! «, flüsterte sie panisch, dann rannte sie los.

Im dämmrigen Licht ihrer Taschenlampe entdeckte sie eine Kiste. »Die Aprikosen! «, dachte Meena erleichtert, schnappte sich die Kiste und wollte wieder hochstürmen.

Da sah sie von unten die Tante im Türrahmen stehen. Sie schien sich zu freuen, und da empfand Meena plötzlich keine Angst mehr. Die Tante freute sich über sie!

Meena begann jetzt schnell zu laufen und schneller und noch schneller. Dann schrie sie auf. Sie war gestolpert. Die Aprikosenkiste glitt ihr aus den Händen. Die Früchte kullerten in alle Richtungen. Doch Meena blieb nicht stehen. Sie lief weiter, dann sprang sie ab – und flog der Tante in die Arme.

Beide wussten, was Meena geleistet hatte, und da sie jetzt schon einmal ihren Mut bewiesen hatte, würde sie es auch ein zweites Mal machen. Die Tante bot ihr an, ihren Nachbarn nach seiner extra hellen Taschenlampe zu fragen. Und nachdem die beiden sie geholt hatten, stieg Meena noch einmal, diesmal mit Taschenlampe, in den Keller hinab. Jetzt hatte sie keine Angst mehr und brachte der Tante die eingesammelten Früchte. So konnten sie schließlich den Geburtstagskuchen backen.

Laureen Sturhan, 9 Jahre

Die Kobolde

Vier Jungen schlenderten über den Schulhof. Die vier hießen Leon, David, Ben und Tom. Leon war der Anführer. Alle vier zusammen nannten sie sich die Kobolde, und das kam daher, weil sie gerne freche Streiche spielten. Sie hatten sich ein Baumhaus in einer großen Kastanie gebaut, das sie als Clubhaus benutzten, und ein paar von den anderen Schülern waren neidisch. Denn fast alle fanden sie cool. Auch, dass die vier oft nachsitzen mussten, fanden die anderen cool. Vor allem Anton, einem kleineren Jungen aus der zweiten Klasse, gefiel das. Er wusste, dass sie in dem Clubhaus viele Scherzartikel wie Wasserbomben, Spritzpistolen, Juckpulver und Reißnägel hatten.

Dem Direktor jedoch gingen die Streiche langsam auf die Nerven, und er hatte schon oft mit ihnen geschimpft. Aber sie ärgerten Kinder und Lehrer immer wieder, und Nachsitzen war bei den Jungen keine Strafe mehr. Der Direktor hieß Herr Zitronensauer, bei den Schülern hieß er nur »das saure Z«, und als er die Kobolde wieder einmal nachsitzen ließ, war das ein ganz normaler Nachmittag für sie.

Anton wollte nicht gerne nachsitzen, aber ein Kobold wollte er auf jeden Fall werden, und am nächsten Morgen sagte er das den Jungen auch. Die vier sahen sich an. Leon sagte: »Das geht nicht. Du kannst kein Kobold sein, wenn du nicht nachsitzen willst. Und das willst du doch nicht, oder?«

Anton scharrte betreten mit den Füßen. Nein, nachsitzen wollte er nicht, denn am Ende würde ihm das saure Z das aufs Zeugnis schreiben. »Ich könnte die Streiche mit vorbereiten helfen«, sagte er.

Da antworteten die vier: »Wenn du mitmachen willst, musst du eine Mutprobe bestehen«, und grinsten Anton an.

Der kleine Junge zitterte ein wenig, sagte aber mit aufeinandergebissenen Zähnen: »Ja, ich versuche es!«

„Wie heißt du eigentlich?«, fragte Leon.

„Anton.«

»Gut, Anton. Komm morgen Nachmittag um halb vier zur alten Eiche.«

Am nächsten Tag um halb vier waren alle pünktlich.

»Und«, fragte Anton, »was muss ich machen?« Er versuchte, seine Stimme nicht zittrig klingen zu lassen.

Diesmal sagte David: »In der letzten Pause ist mir eingefallen, dass es am Ende des Dorfes ein altes Haus gibt. Es steht leer, und du musst hinein und bis ins oberste Stockwerk gehen. Zum Beweis winkst dann aus einem Fenster.«

Die fünf gingen zu dem alten Haus. Es sah sehr geheimnisvoll aus, das Willkommenschild war falsch herum gedreht und ein Spinnennetz war auch darauf. Auf dem Weg zur Tür war nicht gefegt, und auf dem Dach fehlten Ziegel.

Anton ging zur Tür. Sie war verschlossen. Er klopfte an, denn es gab keine Klingel, aber keiner machte ihm auf. Nun klopfte er noch einmal. Und dann noch einmal. Am liebsten hätte er noch hundertmal angeklopft, um die Mutprobe herauszuzögern.

Ungeduldig riefen die vier Kobolde: »Da steht ein Fenster offen. Da kannst du rein.«

Anton kletterte durch das Fenster ins Haus. Er kam in einen Raum, der aussah wie ein Wohnzimmer. Auf einem Tisch stand eine Vase mit Mohnblumen. Anton dachte: Wohnt hier jemand? Wer kann das sein? Ein Bettler, ein Kleidersammler – oder etwa Hexen und Geister?

Langsam ging er eine lange Treppe hinauf, ein Knarren

schreckte ihn auf. Am liebsten wäre er die Treppe wieder hinuntergelaufen. Er nahm aber allen Mut zusammen und ging weiter auf der Suche nach einem Fenster, durch das er den Kobolden zuwinken konnte. Und er entdeckte auch eines, öffnete es, lehnte sich hinaus und schrie: »Hier bin ich, seht alle her!«

Plötzlich hörte er eine Stimme. Hinter ihm stand eine alte Frau. Es sah so aus, als würde sie gleich anfangen zu schreien. Anton schloss vor Angst die Augen, öffnete sie aber nach ein paar Sekunden wieder. Jetzt sah er sich die alte Frau genauer an. Sie trug ein grünes Oberteil und einen lila Rock.

Die Frau sagte: »Was machst du hier? Raus aus meinem Haus.«

Anton antwortete leise: »Es tut mir leid, dass ich sie so erschrecke, aber ich musste eine Mutprobe bestehen.«

Nun erzählte er der Frau alles genauer, und die Frau fing an zu lachen. Sie sagte: »Die Mutprobe hast du bestanden, aber ich habe eine viel bessere Idee. Wir zerwuscheln dir die Haare und schmieren dir ein wenig Ketchup darauf, so dass es aussieht, als hättest du mit jemandem gekämpft. Dann sind die Kobolde von dir schwer beeindruckt und nehmen dich auf alle Fälle auf.« Das machten die beiden dann auch mit ganz viel Spaß.

Als sie fertig waren, bedankte sich Anton und sagte zur Frau: »Wenn es Ihnen recht ist, komme ich sie mal wieder besuchen«, und kletterte wieder zum Fenster im Erdgeschoss hinaus.

Die vier Kobolde starrten verdattert auf Anton und seinen zerzausten Kopf. »War es sehr schlimm in dem Haus«, fragte David.

Anton sagte: »Ja, ich habe mit Geistern gekämpft, und ich werde da nie wieder reingehen.«

Leon, David, Ben und Tom bewunderten ihn wegen seines Mutes. Sie nahmen ihn bereitwillig in den Kreis der Kobolde auf. Und Anton besuchte noch ganz oft, wenn auch heimlich, die alte Frau.

Lisa Levermann, 13 Jahre

Die Höhle

Angst legte sich wie ein kalter Schleier über mich. Ich war wie gelähmt, nicht imstande, mich zu bewegen, kauerte einfach an der harten Felswand. Schweißperlen rannen meine Stirn hinunter, doch ich kümmerte mich nicht um sie. Die Felswand schien sich unaufhaltsam auf mich zu zu bewegen, als wolle sie mich erdrücken, und ich konnte nichts tun, nichts. Also saß ich Minuten, vielleicht Stunden, ich weiß es nicht mehr genau. Alles war so schnell gegangen, und plötzlich steckte ich in einer Höhle mitten auf Mallorca fest.

Alles fing an meinem Geburtstag an. Ich wurde sechzehn Jahre alt, aber ich hing es nicht an die große Glocke. Das war noch nie meine Art gewesen, und während andere große Partys feierten, setzte ich mich lieber mit einer kleinen Freundesgruppe in unser Lieblingscafé. Genauer gesagt waren das meine besten Freundinnen Cornelia, Eva, Paula und Tina. Wir kannten uns schon seit der Grundschule und waren sehr gut befreundet.

Ich hatte eigentlich nicht mit einem Geschenk gerechnet, aber meine Freundinnen reichten mir eine kleine Schachtel herüber, und ich dachte, vielleicht liegt ja eine Karte darin. Doch als ich die Schachtel öffnete, verschlug es mir die Sprache: Da lagen doch tatsächlich fünf Flugtickets darin. Tina rief eifrig: »Wir fahren alle nach Mallorca!«, und wer hätte da schon nein sagen können.

Ich hätte es besser gemacht. Aber noch am selben Tag bat ich meine Eltern um Erlaubnis. Und weil ich sie regelrecht anflehte und ihnen auch versicherte, dass ich all ihre Verbote und Regeln befolgen würde, standen wir am nächsten Nachmittag mit unserem Gepäck vor einer mallorquinischen Jugendherberge. Da ging es natürlich erst einmal ans Auspacken, aber da wir vor dem Abend noch ein wenig Zeit hatten, beschlossen wir, einen Strandspaziergang zu machen.

Ein dumpfes Geräusch unterbrach meine Gedanken. Irgendwo neben mir kullerte Geröll auf den Boden. Erschrocken versuchte ich, meinen Körper noch enger an die Wand zu pressen. Eine Zeit lang lauschte ich in die Dunkelheit. Zwischendurch meinte ich, eine Stimme zu vernehmen, aber ich täuschte mich sicher nur. Ich musste an den Strand denken.

Der Strand war relativ abgelegen und dementsprechend

menschenleer. Das gefiel uns, da wir von diesen Touristen-partys, den Sangria-Saufgelagen in El Arenal, die wir von Fernsehberichten kannten, nichts hielten. Die Sonne war schon fast untergegangen, sie warf einen letzten rötlichen Schimmer auf das von tobenden Wellen bewegte Meer, da entdeckten wir die Höhle. Ihre Öffnung tauchte ein-fach in einer Felswand auf. Tina sah mich an und grinste aufgeregt.

»Ist es nicht zu gefährlich?«, fragte ich zögernd.

»Hast du etwa Angst?«, wollte sie wissen.

Selbstverständlich hatte ich das, doch ich wollte nicht meine Schwäche zeigen. »Nein«, antwortete ich, »ich dachte nur…«

»Du denkst sowieso zu viel nach. Das ist doch span-nend! Ich schlage vor, dass du vorgehst.«

Mein Blick wanderte durch die Runde, doch zu meiner Verzweiflung sah ich, wie die anderen zustimmend nick-ten.

Eva hatte eine Taschenlampe mitgenommen und drückte sie mir in die Hand. »Los!«

Ich knipste die Taschenlampe an und machte mich mit pochendem Herzen auf den Weg. Ich drehte mich immer wieder um, um sicher zu sein, dass die anderen mir folg-ten.

Es war etwas feucht im Gang, und es roch nach Salz und Meer. Als wir ein Stück gegangen waren, kam Tina auf die fatale Idee, doch unsere Namen in die Wand zu meißeln. »Halt mal den Lichtschein zu mir her«, rief sie. Sie nahm zwei Steine vom Boden. Doch statt etwas einzuritzen, schlug sie damit kräftig gegen die Wand. Weiß der Himmel, was sie sich dabei dachte. Was dann folgte, war das laute Donnern von Geröll, das sich von der Decke löste. Während ich blind nach vorne stürmte, waren meine Freundinnen wohl in Richtung Eingang gelaufen.

Ich hatte mich irgendwo an eine Wand gekauert, meine Augen geschlossen, wartete auf Stille. Und da saß ich nun. Nur mein ungleichmäßiges Atmen war zu hören. »Hilfe!«, schrie ich, doch die anderen waren weggelaufen.

Dann hörte ich plötzlich ein leises: »Anne?«

Ich ließ das Licht der Taschenlampe kreisen. Die Stimme kam aus einem Berg von großen Steinen, die oben einen Spalt freigaben. Dort konnte ich Cornelias blaue Augen sehen.

»Du musst einen Weg nach draußen finden, Anne«, wisperte sie, »die Steine lassen sich nicht bewegen. Ich sitze hier fest.«

Ich schluckte. »Cornelia, es geht nicht. Ich kann mich hier nicht wegbewegen. Ich habe solche Angst. Vorher habe ich es euch immer verschwiegen, aber ich habe Klaustrophobie!«

»Es geht«, ermutigte sie mich, »du kannst das. Ob du nun auf der Stelle sitzt oder dich fortbewegst, es macht doch keinen Unterschied. Oder willst du hier verhungern? Dann hättest du auch noch mich auf dem Gewissen.« Cornelia lachte bitter.

Ich nahm all meinen Mut zusammen, spürte, wie die Wände mich erdrücken wollten, fühlte den inneren Kampf zwischen Angst und Vernunft. Doch so stark meine Furcht auch war – die Vorstellung, in der Höhle bleiben zu müssen, war schlimmer. Und was sollte Cornelia bloß von mir denken? Zitternd stand ich auf, so schwer es mir auch fiel.

»Warte«, rief Cornelia, »nimm das noch mit!« Durch den Spalt schob sie mir etwas entgegen.

»Was ist das?«, fragte ich.

»Ein Lippenstift. Ich habe immer einen dabei. Male damit Striche an die Wände, zur Orientierung, damit du nicht im Kreis läufst. Aber beeil dich jetzt!«

Ich nahm den Lippenstift entgegen. »In Ordnung«, murmelte ich, beleuchtete mit dem fahlen Licht der Taschenlampe den Gang vor mir. Ich versuchte, nicht auf die niedrige Decke zu achten, und ging los. Staub rieselte von oben herunter, erschwerte das Vorankommen beträchtlich. Doch irgendwie funktionierte es. Es war wie ein Wunder.

Abrupt blieb ich stehen, als mir einfiel, dass ich noch keinen Strich gemacht hatte, und ich war bestimmt schon eine gute Strecke weit im Bauch des Berges.

Sofort drehte ich den Lippenstift aus seiner Umfassung ein Stück heraus. Er hatte eine schreckliche rote Farbe. Wie konnte Cornelia nur so etwas benutzen? Umso besser, dass ich ihn jetzt aufbrauchte.

So lief ich dann immer weiter und immer weiter, malte alle paar Meter einen roten Strich an die Wand und nahm, sobald ich an eine Kreuzung kam, den mir sympathischeren, also einen möglichst breiten und hohen Weg.

Plötzlich wurde der Weg immer weiter. Bald konnte

ich die Arme zu beiden Seiten hin ausstrecken und fühlte die Wände nur mehr mit den Fingerspitzen. Ich beschleunigte meine Schritte. Es war zwar noch kein Licht zu sehen, aber es erschien mir möglich, dass dieser Weg nach draußen führte. Schließlich verschwanden die Wände ganz.

Keuchend blieb ich stehen und leuchtete mit der Taschenlampe um mich herum. Ich war in einem großen Gewölbe angekommen, und dieses wirkte recht stabil, was meine Angst erheblich milderte. So konnte ich mich weiter umsehen, doch ich erblickte nichts als Fels – und sechs weitere Gänge. Wenn es nur einen Weg nach draußen gab, dann bestand immerhin eine Chance von einem Sechstel, den richtigen Gang zu wählen. Doch wie ich mich kannte, würde ich garantiert den falschen wählen.

Ich seufzte leise, erschrak jäh, als ich ein Geräusch hörte. Langsam ließ ich das Licht der Taschenlampe durch das Gewölbe wandern und entdeckte mit Grauen eine Horde Fledermäuse. Kopfüber hingen sie an der Decke, ab und zu flog ein Tier auf, verschwand im Nirgendwo. Es sollte ja Blut saugende Exemplare geben, und ich war wirklich nicht scharf darauf, von so einem kleinen Vampir gebissen zu werden. Doch dann kam mir die Idee. Wahrhaftig der genialste Einfall, den ich in meinem Leben je hatte. Ja, warum war ich nicht eher darauf gekommen? Sie gingen nachts doch immer auf Jagd, aber wohl nicht in einer Höhle, sondern draußen.

Draußen! Wenn hier jemand den Ausweg aus dieser Höhle kannte, dann waren es diese Fledermäuse. Als die nächsten Tiere losflogen, schloss ich mich ihnen in respektvollem Abstand an.

Ich war den flatternden Tieren bestimmt schon eine ganze Weile gefolgt, als unerwartet helles Mondlicht in den Gang flutete. Es war wahrhaftig das schönste Licht, das ich seit langem gesehen hatte. Ehe ich mich versah, löste sich der Gang auf, und ich stand auf weichem, schimmerndem Sand, die Fledermäuse verstreuten sich im Dunkel der Nacht.

Ich begann den Eingang der Höhle zu suchen, doch als ich ihn endlich fand, war er durch Steine blockiert. Ich weiß nicht genau warum, aber ich musste lachen, vielleicht aus Erleichterung, sicherlich auch aus Stolz. Ich hatte meine Angst vor engen Räumen überwunden! »Ich hole dich da heraus, Cornelia«, flüsterte ich und machte mich auf den Weg und holte Hilfe.

Warum Eva, Paula und Tina uns so im Stich gelassen haben, verstehe ich bis heute nicht. Wahrscheinlich war es ihnen peinlich, mich in die Höhle vorausgeschickt zu haben. Jedenfalls liefen wir uns im Urlaub nur noch ungern über den Weg, und nach unserer Rückkehr trafen wir uns nie wieder. Meine Freundschaft zu Cornelia hingegen hat der Vorfall gestärkt. Wir werden uns, glaube ich, immer aufeinander verlassen können.

Kopfüber

Schon seit der letzten Elternkonferenz stand fest, dass Neles Klasse zum Schulausflug in den neuen Abenteuerpark fahren würde. Sie sollten bis zum Nachmittag bleiben, mit dem Bus zurückfahren, und dann würden sie von den Eltern an der Schule wieder abgeholt werden.

Endlich war es so weit. Die Klasse wartete auf dem Schulhof. Nele stand bei Leila und Anna. Die drei Freundinnen waren gespannt, und als sie sich den Prospekt des Abenteuerlandes anschauten, überlegten sie schon, auf welche Achterbahnen sie gehen wollten.

»Die große Achterbahn sieht ja cool aus!«, rief Nele und warf ihr schwarzes Haar mit einem geschickten Drehen des Kopfes auf ihre Schulter.

Leila stimmte ihr zu: »Du hast Recht. Schau mal, dort die Kurve, und wie steil es dort drüben herab geht – da werden wir bestimmt tüchtig durchgerüttelt!«

»Ich weiß nicht so recht«, Anna verzog das Gesicht, »ist diese Achterbahn nicht ein bisschen zu gefährlich?«

Typisch Anna, dachte Nele, immer ihre Zweifel. Sie sah die Straße entlang, denn sie erwartete, dass der Bus jeden Moment eintreffen würde, aber er war noch nicht zu sehen. Gerade als Nele sich wieder zu ihren Freundinnen drehen wollte, entdeckte sie Jan. Er war ein Junge aus ihrer Klasse und ein rätselhafter Kerl. Er hatte keine Freunde, war schlecht in der Schule und ließ keine Gelegenheit aus,

Nele zu ärgern, ohne dass sie wusste, warum. Erst in der letzten Kunststunde hatte er ihr wunderschönes Bild verunstaltet, indem er mit seinem Kugelschreiber ein Strichmännchen darauf malte. Noch immer empört, sah sie von Jan weg.

»Nun komm schon du Angsthase«, machte Leila Anna Mut, damit sie mit auf die Achterbahn kommen würde.

»Aber nur, wenn ich in der Mitte sitzen darf«, erwiderte Anna, und ihre Freundinnen stimmten zu.

Als sie dann endlich in den Bus stiegen, rempelte Jan Nele an, und diese stolperte so arg, dass sie vornüber in den Gang fiel.

»Pass auf deinen Mund auf, Nele. Den brauchst du noch, um nach den Achterbahnen deinem Gemütszustand Ausdruck zu verschaffen«, flüsterte er ihr hämisch ins Ohr, als sie wieder auf zwei Beinen stand, »und ich glaube nicht, dass es sehr angenehm ist, sich nicht übergeben zu können.«

Nele versuchte, Jans gemeine Worte nicht zu beachten. Sie humpelte zu ihren Freundinnen, denn sie hatte sich bei dem Fall am Fuß gestoßen. Sie setzte sich und ließ ihre langen dunklen Haare ins Gesicht fallen. So konnte niemand sehen, wie eine kleine Träne ihr Auge verließ und ganz langsam neben ihrer Nase herunterglitt, über ihre Wange rollte und schließlich auf die ihm Schoß gefalteten Hände tropfte.

Dieser Jan ist echt die Hölle, dachte Nele traurig, immer muss er mir wehtun oder mich hänseln. Verärgert rieb sie sich eine zweite Träne aus dem Auge, nahm sich das

Haargummi, das an ihrem Handgelenk war, und machte sich einen Pferdeschwanz.

Der Bus fuhr los. Zwei Stunden und etliche Kartenspiele und Chipstüten später war die Klasse endlich angekommen. Alle Schüler stiegen aus, und vor ihnen erhob sich eine Wand aus riesigen Bäumen, davor ein Gitterzaun. Der Eingang war aus Stein, und etliche Muster waren hineingeschlagen. Der Kassierer in dem grünen Holzkassenhäuschen zählte das Geld erst gar nicht, das Neles Lehrerin ihm gab. Er reichte ihr die 31 Eintrittskarten, und die Schüler mussten hintereinander das Tor passieren, damit die Lehrerin überprüfen konnte, ob auch alle da waren.

Hinter dem Tor befand sich ein wahres Paradies für Achterbahnfahrer. Große und kleine Bahnen. Darauf gab es Loopings und scharfe Kurven, Drehungen in beachtlicher Höhe und lange Steilabfahrten bis kurz über den Boden. Alles, was ein mutiges Herz begehrt.

Nele, Anna und Leila setzten sich in jede Achterbahn gemeinsam hinein, schrien, wenn es bergab ging, oder lachten, wenn es bergauf ging. Die drei hatten riesigen Spaß. Die Klasse ging weiter, am Ende folgte die Lehrerin, da erblickten die drei Freundinnen die große Achterbahn, die sie auch im Prospekt bewundert hatten. Gemeinsam stürmten sie dorthin und stellten sich an. Als sie endlich an der Reihe waren, hetzten sie auf eine freie Kapsel zu und nahmen eilig Platz, damit kein anderer sie vorher belegen konnte.

Der Kontrollmann kam von hinten heran und schaute

auf jeden Wagen mal kurz drauf, damit nicht zu viele in einem Wagen saßen. Nele spürte, wie Anna neben ihr hibbelig wurde. »Komm, mach schon. Beeil dich«, murmelte die Freundin, und Nele drehte sich nach hinten, um zu schauen, wo Jan blieb. Da sah sie, wer im Wagen hinter ihnen saß. »Du fährst alleine?«, fragte der Kontrollmann gerade Jan. Ruckartig drehte Nele sich zurück.

»Sorry, aber es sind nur zwei Personen zugelassen«, sagte der Kontrollmann, als er Nele, Anna und Leila nebeneinander erblickte. Er griff Nele am Ärmel, rief: »Beeilung, Mädchen, setz dich da hinten zu dem Jungen hin.«

Nele fluchte innerlich. Wieso hab ich mich an den Rand gesetzt, murmelte sie und stieg ohne ein Wort aus dem Wagen. Sie hörte gerade noch, wie Anna das Wort »Mist« zischte, sah, wie Leila die Lippen zusammenpresste.

Nele vermied es, Jan in die Augen zu sehen und setzte sich neben ihn in die Kapsel. Leila und Anna drehten sich um, da fuhr ihr Wagen schon los.

»Ist diese Achterbahn nicht zu gefährlich?«

Nele hätte Jan erwürgen können. Noch stand der Wagen mit ihnen beiden. Sollte sie aussteigen? Doch sie sagte nichts.

»Kriegst du vor Angst etwa kein Wort mehr raus?« Jan lachte höhnisch.

Bleib ruhig, Nele, ermahnte sie sich, nichts Unüberlegtes machen. Langsam setzte sich die Kapsel mit ihr und Jan in Bewegung. Sie sah Annas und Leilas Wagen. Sie waren schon ganz oben. Jeden Moment würden sie wieder runterstürzen. Da – sie hörte ihren Schrei, langgezogen schallte er wieder. Wie gerne wäre sie mit ihnen im Wagen gesessen.

»Ah!« Nele schrie auf. Ihr eigener Wagen war ganz plötzlich gekippt und raste mit hoher Geschwindigkeit den steilen Hang herunter.

»Ich hab doch gesagt, das ist nichts für dich!« Jans schreiende Stimme klang verzerrt.

Kaum waren sie unten angekommen, fuhren sie mit hoher Geschwindigkeit durch eine enge Kurve, und Nele fiel gegen die Außenwand des Wagens. Dann ging es kurz bergauf und wieder hinunter. Dann eine kurze Gerade. Nele atmete tief durch. Sie bereute, geschrien zu haben. Vor allem aber traute sie sich nicht Jan zu sagen, wie blöd er war.

Jan gab ein schreckliches Lachen von sich. »Nele, du bist echt so ein Weich- Aaaaah!«

Im Bruchteil einer Sekunde schoss der Wagen in den höchsten Looping, und alles stand Kopf. Nele atmete wieder tief durch und dann –

Sie lachte lauthals. Aus dem Augenwinkel hinaus sah sie, dass Jan die Lippen zusammenpresste und sie feindselig anstarrte.

Der Wagen wurde langsamer. Nele sah schon ihre Freundinnen, die am Ende der Bahn warteten. Sie drehte sich zu Jan hinüber, sah ihm ruhig in die Augen und sagte: »Weißt du, was ich glaube, Jan? Ich glaube, du bist einfach nur neidisch, weil du keine Freunde hast.« Dann stieg Nele aus dem Wagen und schlenderte zu ihren Freundinnen. Sie drehte sich nicht um, aber sie wusste, dass Jan immer noch im Wagen saß. Und ihr war, als hörte sie eine Stimme, die murmelte: »Das war cool.«

Hannah Mauss, 8 Jahre

Der Sprung

Es war einmal ein kleiner Junge. Er war in der 3. Klasse, aber alle Kinder, außer seinem Freund Max, sagten zu ihm: »He, Baby!«, nur weil der kleine Junge nicht so groß wie die anderen Kinder war und er immer sehr ängstlich erschien.

Eines Tages kamen die vier Club-Kinder auf Max zu. Sie hießen Club-Kinder, weil sie einen Club gegründet hatten, bei dem nur die Mutigsten mitmachen durften. Sie fragten ihn, ob er ihrem Club beitreten wolle. »Natürlich«, sagte Max, »aber der kleine Junge soll auch dabei sein.« »Nein«, sagte Philipp, der Anführer des Clubs, »der hat doch viel zu viel Angst.«

Doch Max ging zu dem kleinen Jungen und sagte: »Frag einfach mal, was du tun musst, um auch in den Club zu kommen«, und das tat der kleine Junge.

Philipp sagte kurz: »Besprechung!« Er und die anderen drehten sich um, und sie flüsterten untereinander. Schließlich sagte Leonard, ein anderes Club-Mitglied: »Eine Mutprobe musst du bestehen.« »Und was für eine?«, fragte Max anstelle des kleinen Jungen, der sich nicht traute zu fragen.

Nun sagte Philipp: »Mitten im Wald liegt ein großer

Hügel. Dort ist unser Hauptquartier. Bei dem Hügel gibt es ein Brett, von dem aus man in einen kalten See springen kann. Das wird deine Mutprobe. Leonard wartet am Waldrand auf euch.«

»Okay«, antwortete der kleine Junge, obwohl er sehr viel Angst hatte.

»Um wie viel Uhr?«, fragte Max.

»Um halb vier.«

Als der kleine Junge nach Hause kam, fragte ihn seine Mutter, ob er sich verabredet habe. »Ja«, antwortete der kleine Junge, »mit Max«, denn er wusste, dass seine Mutter dann nicht weiter fragen würde. »Ach so«, sagte seine Mutter, dann aßen sie zu Mittag.

Am Nachmittag machten der kleine Junge und Max sich auf den Weg. Zusammen mit Leonard gingen sie durch den Wald zum See, wo sie die anderen Club-Kinder erwarteten und ihnen entgegenriefen: »Beeilt euch ein bisschen!«

Der kleine Junge zog sich bis auf die Unterhose aus und kletterte den Hügel hoch auf das Brett zu, zusammen mit Max, der sagte: »Wenn mein Freund springt, dann springe ich auch.«

Beide standen oben auf dem Brett. Es war ungefähr so hoch wie ein 3-m-Brett, und das war ganz schön hoch. Dem kleinen Jungen klapperten die Zähne, und auch Max wurden die Knie weich. Aber sie nickten sich zu und sprangen zusammen hinunter. Es gab einen großen Platsch. Sie tauchten wieder auf und kamen aus dem Wasser heraus.

Die vier Club-Kinder staunten und sagten: »Willkommen in unserem Club!«

»Ich möchte nicht in Euren Club. Ich habe das nur gemacht, damit mich keiner mehr Baby nennt«, sagte der kleine Junge.

»Ich möchte auch nicht in Euren Club. Ich möchte nur, dass ihr allen Kindern in der Schule sagt, was der kleine Junge getan hat«, sagte Max.

Ab diesem Tag hieß der kleine Junge nicht mehr Baby, sondern war ein großer Held, und bald wollten viele mit ihm befreundet sein. Aber sein bester Freund blieb immer Max.

Daria von der Weyden, 13 Jahre

Linda

Der Wecker klingelte, ich reckte mich und trottete ins Badezimmer und stellte mich vor den Spiegel. Ich zog mein T-Shirt aus und betrachtete mich von oben bis unten. Man, habe ich einen klasse Körper, dachte ich.

Ich wusch mich, zog mich an und gelte meine Haare zurück. Für einen Moment hielt ich inne und dachte an das, was ich geträumt hatte. Ich träumte von Linda.

Den Namen musste man sich doch einfach auf der Zunge zergehen lassen. In meinem Traum hatte ich endlich den Mut dazu, sie anzusprechen. Sie freute sich und sagte mir, dass sie mich auch super findet. Es war fantastisch.

Ach, was für ein Blödsinn, sie will sowieso nichts von mir, dachte ich dann. Also ging ich zur Schule.

Als ich sie dann sah, konnte ich nicht widerstehen. Eine unsichtbare Kraft zog mich zu ihr, da stand ich nun. Jetzt muss ich etwas zu ihr sagen.

»Du siehst wunderschön aus, ich würde gerne mal mit dir ausgehen.« Sie lachte und ließ mich stehen.

Wie ein begossener Pudel ging ich in den Unterricht. Ich saß da und trauerte vor mich hin. Immer wieder sagte ich zu mir, was für ein Idiot ich doch war. Wie automatisch ging ich nach der Schule nach Hause.

Ich hatte gerade gegessen und wollte auf mein Zimmer gehen, als es an der Tür klingelte. Ich machte auf, da stand sie vor mir – Linda. Für einen Moment blieb die Zeit stehen. Linda sagte, dass sie mich nur ausgelacht hatte, weil ihre Freundinnen dabei waren.

Sie gab mir einen Kuss und sagte, dass sie mich super nett findet. Von da an waren wir ein Paar und noch dazu das beliebteste auf der Schule.

Was so ein Traum doch alles bewirken kann.

◆ Texte aus Literaturwettbewerben für junge Autoren

Auf der Basler Buchmesse hatte sie einen Starauftritt, das Schweizer Fernsehen war schon bei ihr, und ein Interviewtermin jagte den nächsten: Natalie Marrer, eine 14-jährige Autorin, hat ihr erstes Buch veröffentlicht – *Die Traumkarten. Die zwei Schwerter des Samurai*, ein Kinder- und Jugendbuch.

Sie ist damit eine der jüngsten Schriftstellerinnen, die bereits veröffentlicht hat. Ihr Roman erzählt die Geschichte von zwei Schwestern, die nicht wissen, dass sie Schwestern sind, und die zusammen auf eine magische Reise gehen. Den Roman hatte sie schon, als sie zwölf Jahre alt war, begonnen. »Ich hatte viele Ideen und schrieb sie alle nieder, nach und nach entwickelte sich eine Geschichte«, erzählt Natalie. Es sei großartig, sie habe immer davon geträumt, aber während sie schrieb, habe sie sich über eine mögliche Veröffentlichung keine Gedanken gemacht.

Ihr Wunsch, selbst Figuren zu erschaffen, brachte sie zum Schreiben, denn »ich habe weder Bruder noch Schwester, und schon die Idee, plötzlich jemanden zu sehen, der dir aufs Haar gleicht, eine Schwester zu finden, von deren Existenz du nichts gewusst hast, faszinierte mich«, sagt Natalie.

So ist sie zur Schriftstellerin geworden, aber es gibt viele andere Wege zu diesem Beruf. Nur, die meisten haben nicht so viel Glück wie Natalie, die gleich einen Verlag fand. Manche Autoren werden erst nach vielen Jahren und etlichen Texten, die in der Schublade landen, veröffentlicht. Aber es muss ja auch nicht sofort die ersehnte Veröffentlichung in einem Buchverlag sein. Schon die Teilnahme an einem Wettbewerb kann zu einer Auszeichung führen und dazu, dass du deinen Text öffentlich vorträgst, dass er im Internet oder sogar in einem Sammelband mit den besten Wettbewerbsbeiträgen veröffentlicht wird.

Auch Verena, Dana und Lisa haben die jeweilige Jury ihres Schreibwettbewerbs überzeugt. Schreibwettbewerbe finden regelmäßig statt, sie könnten also auch für dich interessant sein. Hier kannst du einige der ausgezeichneten Geschichten lesen und selbst entscheiden, ob sie auch dir gefallen. Diese drei Geschichten und die vielen Teilnehmer meiner Schreibgruppen sind der Beweis: Es gibt sie, die Schreibtalente unter euch. Vielleicht möchtest auch du es wagen, dich an einem Schreibwettbewerb zu beteiligen?

Manchmal werden Wettbewerbe ohne feste Themenvorgabe ausgeschrieben. Für *Verena* war dies Anlass, einen Text aus der Schublade zu ziehen, den sie bereits in der Grundschulzeit geschrieben hatte. Sie begann, die ursprüngliche Fassung zu überarbeiten, und tippte das Ergebnis, eine gruselige Geschichte, in den Computer – und sie hatte Erfolg: Ihre Erzählung »Die Ungeheuer von Schloss Katzenstein« wurde ausgezeichnet und veröffentlicht.

In der Geschichte von Verena geht es nicht gerade friedlich zu. Ein Mädchen namens Nana wird von einem Untier verfolgt. Kaum kann sie sich retten, taucht ein weiteres, schauerliches Wesen auf. Und das alles, weil Nana abends nur noch schnell das Buch abholen wollte, das Motte sich von ihr geliehen hatte.

Die Geschichte ist nicht lang, aber sie ist ein Beispiel dafür, wie sonderbar und zugleich realistisch und glaubwürdig es in erfundenen Geschichten zugehen kann. Da gibt es einerseits eine Familie, die ein Schloss bewohnt, so dass man glaubt, sie sei unermesslich reich. Trotzdem muss Nana, wie ein ganz normales Kind, im Haushalt helfen und Geschirr spülen. Es gibt Streit zwischen den Geschwistern, wie du ihn vielleicht selber kennst, dann lässt die Mutter Nana in der Abenddämmerung allein durch den Wald gehen – seltsam, nicht?

Nana ist genervt durch ihre kleine Schwester. Sie denkt weder an die hereinbrechende Dunkelheit noch an schreckliche Wesen in der Nacht. Zunächst könnte es sein, als existiere eines dieser Wesen nur in Nanas Einbildung, und kommt dir das nicht auch bekannt vor: gruselige Gedanken, sobald die Schatten lang werden? Bald merkt Nana, wie ernst ihre Lage ist.

Die junge Autorin schafft es, in ihrem Text Unwirkliches ganz selbstverständlich darzustellen – durch die Macht ihrer Fantasie! Mitten im giftgrünen und rosa Schleim wartet noch jemand anderes auf Nana ...

Birkchen-Literaturwettbewerb (www.birkchen-ev.de)
freie Themenwahl

Verena Baumeister, 11 Jahre

Die Ungeheuer von Schloss Katzenstein

Nana wohnte mit ihren Eltern und ihrer kleinen Schwester Lilli auf Schloss Katzenstein. Sie war – wie immer – dabei, das Geschirr zu spülen, und sie war lange damit beschäftigt. Endlich war sie fertig. Eigentlich wäre ihr langweilig gewesen, wenn sie nicht genau gewusst hätte, was man dagegen macht – lesen! Sie liebte Bücher, und sie liebte lesen.

Als die Dämmerung hereinbrach, klingelte das Telefon, und Lilli kam ins Zimmer.

»Mir ist so langweilig«, klagte Lilli, doch als sie den Bücherschrank sah, tapste sie darauf zu und nahm mit ihren schokoladenbeschmierten Fingern eines von Nanas Lieblingsbüchern heraus.

»Lilli«, sagte Nana mit bedrohlich leiser Stimme, »lass das Buch sofort los.«

Sie hätte Lilli am liebsten geschlagen und getreten, weil sie eins ihrer Lieblingsbücher beschmiert hatte, doch in dem Moment kam die Mutter herein und sagte: »Nana, Motte hat dein Buch ausgelesen und will es dir jetzt noch hinter dem Wald zurückgeben. Bitte beeil dich!«

Nana sprang auf, schlüpfte in die Schuhe, riss Jacke und Schlüssel vom Haken und knallte die Tür hinter sich zu.

Es war fast ganz dunkel, und Nana war etwas mulmig

zumute. Mutterseelenallein im Wald, das war nicht gerade ein Zuckerschlecken.

Eine Minute später traf sie endlich Motte. Motte gab Nana das Buch zurück, und sie quatschten noch etwas, und als sie nach Hause ging, war es stockfinster.

Bei jedem Geräusch drehte Nana sich verunsichert um. Nach einiger Zeit kam sie bei Schloss Katzenstein an. Sie hätte vor Erleichterung in die Luft springen können, denn sie hatte den Weg überstanden. Plötzlich huschte ein dunkler Schatten auf sie zu. Etwas mit strahlend weißen Zähnen.

Ein Wolf!

Nana rannte, sie rannte um ihr Menschenleben. Sie fühlte einen heißen Atem im Nacken und wusste, dass sie durch die Kellertür musste, sonst würde sie wohl noch als Werwolf enden. Dann hätte ihre Geschichtslehrerin zum jetzigen Thema das passende Wesen, einen Werwolf.

Sie erreichte die Kellertür und stieß sie auf, machte sie schnell hinter sich zu und drehte den Schlüssel herum. Sie lehnte sich japsend im dunklen Keller gegen die kühle Wand.

»Das war knapp«, stammelte sie.

Sie machte das Licht an, weil etwas unter ihrem Schuh klebte. Doch das, was sie sah, war einfach zu viel. Sie stieß einen spitzen Schrei aus. Jetzt wusste sie, warum es so modrig und faulig roch, mitten im Raum saß ein heulendes Gespenst in giftgrünem und rosa Schleim. Sie machte das Licht schnell wieder aus. Doch weil das Gespenst zu stöhnen und wimmern begann, machte sie es wieder an.

»W…W…Wer bist du?«, stotterte Nana.

»Ich bin deine Ururgrossmutter, und der Schleim ist Gespensterschleim, vor dem brauchst du dich nicht zu fürchten«, antwortete das Gespenst leise. »Komm doch mal zu mir, um mit mir zu spielen.«

Plötzlich hörten sie ein Krachen, der Wolf hatte die Tür aufgebrochen. Als er das Gespenst sah, machte er augenblicklich auf einer Pfote kehrt und floh heulend auf Nimmerwiedersehen.

Nana zeigte Lilli und ihren Eltern ihre Entdeckung. Sie ging nun oft zu ihrer Gespensterururgroßmutter in den Keller und spielte mit ihr Schach.

Dana gewinnt oft Preise für ihre Texte. Wie macht sie das? Worin liegt ihr Geheimnis? Einer der Gründe mag sein, dass es ihr nie an Erzählstoff mangelt. Die junge Autorin nutzt fremde und eigene Erfahrungen. Sie macht es wie viele Schriftsteller: Sie hört anderen zu. Und sie nimmt Kritik an ihren Texten ernst. Sie überarbeitet ihre Texte, sucht, wenn nötig, weitere Informationsquellen und recherchiert in Fachbüchern oder im Internet. Oder wüsstest du, dass es in Afrika ein Land gibt, in dem viele Einwohner Deutsch sprechen?

In ihrer Geschichte »Die Clique« wird ein Mädchen, Kiki, davon überrascht, dass es eine Neue in der Klasse gibt: Lara. Sie stammt aus Namibia und hat mit der ungewohnten Umgebung und der fremden Klasse anfangs so ihre Probleme. Kein Wunder, sie erzählt von exotischen Haustieren, die keiner kennt, und bringt Wörter durcheinander, weil sie mit der Sprache noch nicht so gut zurechtkommt. Es kommt einiges zusammen, bevor Lara einen Platz in der Clique findet.

Wenn du eine Geschichte schreibst, solltest du vorher wissen, welche Perspektive du einnehmen willst, denn dabei bleibt man meist den ganzen Text hindurch. Oft ist es die Hauptperson, die erzählt und dem Leser ihre Gedanken mitteilt. Dana geht in ihrer Geschichte zügig voran, wechselt zwischen Erzählton und direkter Rede. Sie nutzt einen wichtigen Vorteil der direkten Rede: Der Autor kann dem Leser damit die innere Welt auch jener Figuren vermitteln, die nicht Hauptperson sind. Durch Dialoge erfährt man etwas über ihre Gedanken und Gefühle.

Vor allem gelingt es Dana immer wieder, verschiedene Personen zusammen auftreten zu lassen. Das mag sich selbstverständlich anhören, ist aber gar nicht so leicht.

Oft wirst du Geschichten lesen, die ziemlich unbevölkert sind und in denen es meist einsam zugeht. Da handelt, denkt, fühlt, spricht nur eine Person, höchstens zwei. Das ist für den Autor und seinen Leser gut überschaubar. Hast du viele Figuren in deiner Geschichte, muss ständig Neues geschehen. Wenn man aber viele Personen handeln lässt, darf man die Hauptperson nie aus den Augen verlieren und vernachlässigen, das ist eine der Künste beim Schreiben. Wenn du den folgenden Text liest, achte einmal darauf, welche Figur, wann und an welchem Ort auftaucht und wem sie begegnet. Du wirst entdecken, dass sich Kiki, die Hauptperson, geradezu mühelos zwischen allen anderen Personen von Szene zu Szene bewegt.

Europäischer Literaturwettbewerb der Jugend Literatur-
Werkstatt Graz (www.literaturwerkstatt.at)
Thema »Begegnung«

Dana Klomfaß, 10 Jahre

Die Clique

Kiki wachte auf. Ihr Schädel brummte, die Wärmflasche
auf ihrem Bauch war nicht mehr richtig warm, und der
nasse Lappen wurde immer schwerer. Sie war nicht in der
Schule gewesen. Sie sei zu krank, hatte ihre Mutter gesagt. Kiki schaute auf die Uhr. Seit zehn Minuten war die
Schule aus. Da läutete die Haustürklingel.

»Vielleicht Lissi«, murmelte Kiki. Lissi war Kikis beste
Freundin. Zusammen mit Carlotta, auch Charlie genannt,
und Jill, waren sie die coolste Clique in ihrem Dörfchen.

»Lissi ist da«, rief da auch schon ihre Mutter. »Sie bringt
dir die Hausaufgaben.«

Lissi stürmte ins Zimmer. »Hey«, begrüßte sie Kiki.
»Geht's dir wieder besser?«

Kiki antwortete: »Morgen darf ich wieder in die
Schule.«

»Dort wirst du schon vermisst«, sagte Lissi.

Kiki setzte sich im Bett auf. »Was müssen wir als Haus-
aufgabe machen?«

»Warte!« Lissi ließ sich auf einem Stuhl nieder und
kramte ihr Hausaufgabenheft aus dem Tornister hervor. »Also, in Mathe: Buch Seite 49, Nummer 1 und 3...
Schreibst du mit?«

»Ja«, antwortete Kiki, »und in Bio?«

»Wir müssen einen Geparden malen«, sagte Lissi und konnte sich ein Kichern nicht verkneifen.

Kiki fragte: »Wieso das denn?«

»Ach, dass ist 'ne lange Geschichte«, behauptete Lissi.

»Ich liebe lange Geschichten«, sagte Kiki aufgeregt. »Fang an!«

»Also«, Lissi räusperte sich, »die Neue ist da.«

»Was, die Neue aus Namibia?« Kiki wurde noch aufgeregter.

»Ja«, begann Lissi noch einmal. »In Bio sollte sie ihr Haustier beschreiben, und die Klasse sollte erraten, welches Haustier sie hat. Da meinte sie, sie habe kein Haustier. Worauf unser Biolehrer behauptete, dass ein Verwandter von ihr doch sicherlich ein Haustier hat. Die Neue meinte, dass ihr Onkel in Namibia eines besitzt. Sie sagte, es sei so groß …« Lissi hielt ihre Hand bis an die Brust.

»Ein Elefantenbaby!«, rief Kiki.

Lissi musste lachen. »Das haben wir auch gesagt, aber Lara, so heißt die Neue, meinte, das Tier wäre schwarz und *geel*.« Lissi konnte sich vor Lachen nicht mehr auf dem Stuhl halten. Sie fiel auf den Boden und kugelte sich.

Kiki fand das überhaupt nicht komisch. Die arme Lara, dachte sie sich im Stillen, ließ sich aber nichts anmerken. »Und weiter?«, fragte sie.

Lissi setzte sich wieder. »Wie wir später herausgefunden haben, heißt *geel* auf deutsch gelb, und das Tier war ein Gepard. Diese Lara ist schon bescheuert, oder?«

Am nächsten Morgen durfte Kiki wieder in die Schule. In der 5-Minuten-Pause, die alle Schüler immer im Klassenzimmer verbrachten, beobachtete Kiki verstohlen die Neue. Sie hatte weiße Haut mit einem rötlichen Ton und blonde Haare. Eigentlich sah sie gar nicht so anders aus. Sie trug auch ähnliche Anziehsachen wie die anderen, aber trotzdem konnte niemand sie leiden. Eins war klar: Wer was mit Lara zu tun hätte, würde der totale Outsider werden.

Kiki schreckte aus ihren Gedanken auf. Die Englischlehrerin betrat die Klasse. Alle Kinder stellten sich hin und riefen so laut sie konnten: »Good morning, Mrs. Monn!«

»Setzt euch Kinder«, sagte diese und fragte sogleich: »Lara, kannst du bitte *How are you* an die Tafel schreiben!«

Lara erhob sich und schritt zur Tafel. Dick schrieb sie: *HOW ARE JOU.*

Gelächter ertönte. Lara schaute verlegen auf ihre Füße.

»Lara«, Mrs. Monn schaute sie mitleidig an, »wieso machst du immer den gleichen Fehler? *You* wird nun mal mit *y* geschrieben.«

Laras Gesicht wurde rot. »Ähm«, stammelte sie. »Auf Afrikaans heißt es *jou*, und ich kann es mir nicht abgewöhnen.«

Wieder lachten alle. Alle – mit Ausnahme von Kiki.

»Du musst lernen, die Sprachen zu trennen«, sagte Mrs. Monn, und da klingelte auch schon die Pausenglocke.

Alle rannten nach draußen. In der Mitte des Schulhofes standen, wie immer, Lissi, Jill, Carlotta und Kiki. Normalerweise redeten sie über alles Denkbare, aber heute war der einzige Gesprächsstoff: Lara, die Neue. Kiki wendete sich genervt ab. Sie konnte es einfach nicht aushalten. Die kannten diese Neue doch gar nicht. Während die Freundinnen lästerten, überlegte sie, wie sie hier wegkam.

»Ich muss mal auf Toilette«, rief sie, und da war sie auch schon weg, ins Schulgebäude hinein. Dort lief sie geradewegs auf Lara zu, die am Schwarzen Brett stand.

»Hallo«, sagte Kiki schüchtern.

Lara zuckte zusammen und drehte sich um. »Was machst du hier? Willst du mir auch sagen, dass ich blöd bin? Wenn ja, kannst du wieder gehen!«

»Das hatte ich nicht vor«, sagte Kiki, aufgebracht über die Unhöflichkeit. »Ich wollte mich nur unterhalten!«

»Sorry«, entschuldigte sich Lara. »Weißt du, ich hab gedacht, dass du mich auch von vornherein nicht magst.«

»Verstehe«, nickte Kiki.

Lange Zeit sagte keine von beiden etwas.

»Was machst du eigentlich so?«, nahm Kiki das Gespräch wieder auf.

»Wieso willst du das wissen?«

»Weißt du, ich habe eine Brieffreundin in Afrika. Aber das habe ich den anderen bisher nicht erzählt.«

»Ach so. Nun, ich tanze gerne, lese, schwimme und solche Dinge.«

Kiki schaute überrascht. »Oh, ich habe die gleichen Interessen! Meine Clique geht heute schwimmen. Willst du mitkommen?«

Lara zuckte mit den Schultern. »Deine Clique, das sind doch du, Jill, Carlotta und Lissi. O nein, ganz bestimmt nicht!«

»Wieso nicht?«

»Ich hab keine Lust, mir den ganzen Nachmittag anzuhören, dass ich blöd bin!«

„Na gut, wenn du nicht willst. Aber falls du es dir noch mal überlegst«, Kiki versuchte möglichst gleichgültig zu klingen, »wir sind nachmittags immer am Rhein.«

Die Schulglocke klingelte. Kiki lief im Strom der Schüler ins Klassenzimmer. Alle Schüler stellten sich an ihre Plätze. Plötzlich begann Jill zu schnüffeln. »Hier stinkt was nach Raubtieren!«, rief sie angeekelt.

Ein Junge namens Thomas lachte: »Ist doch klar! Hier stinkt´s!«

»Nach Lara!«, ergänzte ein anderer. »Stinketussi!«, hallte es von irgendwoher. Der Schwall aus Gelächter und Stinketussi-Rufen schwoll immer mehr an. Zum Glück kam die Lehrerin herein und begann mit dem Unterricht.

Nachmittags ging Kiki mit ihrer Clique zum Rhein. Unterwegs lästerten die Freundinnen, wie schon seit Tagen, nur über Lara. Kiki versuchte, möglichst beiläufig zu klingen, als sie sagte: »Ich hab sie übrigens auch eingeladen.«

»Wen? Die Stinketussi?«, rief Carlotta entsetzt.

»Nein, ich hab *Lara* eingeladen.«

»Doch nicht etwa Lara!« Jill konnte es nicht fassen.

Lissi schaute Kiki prüfend an: »Das ist doch nicht dein Ernst.« Sie guckte Kiki direkt in die Augen und senkte verschwörerisch die Stimme: »Oder?«

»Ich habe es eben gemacht«, sagte Kiki gelangweilt, »ist das so schlimm?«

Die anderen drei riefen wie aus einem Mund: »O ja!«

Sie waren am Rhein angekommen. Kiki schaute sich um. Lara stand schon in der Bucht. Kiki ging auf sie zu und rief: »Hallo!«

»Hallo«, erwiderte Lara schüchtern.

Kiki drehte sich um. Dort standen Jill, Charlie und Lissi. Alle drei schauten Lara wütend an. Kiki ahnte, dass Lara am liebsten wieder nach Hause gegangen wäre. Kiki seufzte und breitete die Picknickdecke aus.

Am Anfang war es ja noch in Ordnung. Zwar redete nur Kiki mit Lara, aber damit hatte sie gerechnet. Nach und nach ließen Jill, Charlie und Lissi das nicht mehr zu. Sie sprachen einfach immer dazwischen. Carlotta setzte sich sogar vor Lara und störte den Blickkontakt. Langsam wurde Lara vergessen. Irgendwann sagte Jill: »Ich ziehe mich um!«, und verschwand in den Büschen. Kurz darauf kam sie im Badeanzug wieder zum Vorschein. Sie lief vor an die Spitze der Buhne und machte einen Köpper ins Wasser. Sie kraulte ein bisschen und plötzlich –

Kiki sah sie nicht mehr. Auch für die anderen schien Jill aus ihren Blickfeldern verschwunden zu sein. Schnell rannten alle die Buhne entlang.

Jill kämpfte mit dem Wasser. »Hilfe«, schrie sie, »Ich bin in einen Strudel geraten!«

»Wir kommen nicht hin zu dir!«, schrie Charlie. »Wir müssen Hilfe holen!«

»Warte!«

»Du musst auf jeden Fall Ruhe bewahren!«, rief Kiki, doch niemand tat etwas Vernünftiges.

Jill zappelte im Wasser.

»Du darfst nicht ertrinken!«

»JILL!«

»Bleibe bei uns!«

Von Jill sah man nur noch eine Hand aus dem Wasser ragen. Sie suchte hilflos nach einem Halt.

»Helft mir doch!«, kam eine Stimme von hinten. Schlagartig drehten sich alle drei um. Dort stand Lara und versuchte verzweifelt, den Ast einer Weide abzubrechen.

Kiki rannte zu Lara. Es war schwierig, denn der Ast gab nicht nach. Schon fast hätten sie und Lara aufgegeben, da hatten sie den Ast. Lara schnappte ihn sich, lief zum Ende der Buhne und schubste Charlie und Lissi unwirsch zur Seite. Sie hielt den Ast ins Wasser, und die Hand griff zu. Lara zog, so gut sie konnte. Sie zog und zog. Sie zog so lange, bis sie Jill an der Hand packen konnte. Dann warf sie den Ast weg.

»Lebt sie noch?«, fragte Lissi Lara besorgt.

»Ja, ich lebe«, antwortete Jill schwach.

Stürmisch wurde sie von Kiki und den anderen umarmt. Charlie merkte, dass sie zitterte, holte ein Handtuch und rieb Jill schnell trocken. Lissi drückte Jill einen Kuss auf die Backe. Kiki konnte es sich nicht nehmen lassen, auch Lara zu umarmen.

Jill schaute Lara tief in die Augen. »Danke«, sagte sie.

Lara antwortete ausweichend: »Schon okay.«

»Wie bist du eigentlich auf die Idee mit dem Weidenast gekommen?«

»Ich wohnte am Meer. Daher kenne ich Strudel.«

»Ist es schön am Meer?«

»Schon, aber baden kann gefährlich sein.«

Jill musste lachen und setzte sich auf. »Das nächste Mal gehen wir besser ins Freibad!«

Bald schon musste Lara nach Hause und verabschiedete sich. Sie umarmte jeden, und als sie bei Kiki angekommen war, sagte sie: »*Ek hoop ons sien mekaar weer.*«

»Was heißt das?«, fragte Kiki

»Ich hoffe, wir sehen uns wieder.«

»Auf jeden Fall morgen in der Schule!«

Lara nickte und machte sich auf den Weg. Die anderen schauten ihr noch lange hinterher. Als Lara am Horizont verschwunden war, sagte Jill: »Ich finde wir sollten sie in unsere Clique aufnehmen«, und damit war sie auch schon eine von ihnen.

Auch *Lisa* hat daran Gefallen gefunden, für eine größere Leserschaft zu schreiben. Ab und zu reicht sie Beiträge zu Wettbewerben ein und hatte wiederholt Erfolg. Gleichzeitig kennt sie die guten und schlechten Zeiten eines Schreibers. Denn Kreativität lässt sich nicht auf Knopfdruck abrufen. Die Kreativität ist zeitweise ein störrisches Geschöpf, doch wenn man sie nur ein wenig umschmeichelt, beschenkt sie uns schnell und großzügig mit immer neuen Ideen.

Manchmal muss man sich auf sich selbst einlassen, zulassen, dass einen unangenehme Gefühle wie Langeweile plagen. Ein leerer Bildschirm glotzte Lisa an, und die junge Autorin starrte zurück, der Verzweiflung nahe, weil der Einsendeschluss für den Wettbewerb immer näher rückte. Und dann begann sie, ihren Empfindungen nachzuspüren.

Erinnerst du dich an das Schreibspiel »Schnellschreibgeschichte« vom Anfang? Da schafft man sich einen roten Faden mit Hilfe von Wörtern. Lisa hangelte sich an ihren Gedanken wie an Wörtern entlang, sie baute sie aus, fantasierte, schlug Gedankenbrücken. Es entstand »Eine kleine Geschichte übers Internet«.

Der Text ist in Ich-Form geschrieben, wirkt aus dieser Erzählperspektive heraus authentisch. Er könnte so, wie er geschrieben steht, von Lisa gefühlt und gedacht sein. Oder auch nicht. Das ist die Freiheit von Autoren. Eines ist der Text auf gar keinen Fall: langweilig.

Tom-Sawyer-Preis der Stadt Rees (www.stadtrees.de)
Thema »WWW«

Lisa Levermann, 14 Jahre

Eine kleine Geschichte übers Internet

Das Schreibprogramm steht weiß und gähnend vor mir auf dem Monitor. Noch. Eigentlich habe ich vor, noch etwas zu schreiben zum Thema »WWW«. Natürlich auf den letzten Drücker. Ich schaue auf die Uhr. Es ist sieben Uhr abends, am Tag des Einsendeschlusses. Welch tragisches Schicksal, würde ich nun nicht mehr schreiben! Aber woher erhalte ich jetzt noch eine Geschichte? Ich überlege. Vielleicht aus dem Internet selbst? Obwohl: Wer im Internet sucht, findet nicht, wer nicht sucht, findet. So ist das meistens, und ich spreche aus Erfahrung. Aber ich werde diesen Versuch trotzdem nicht ungeachtet lassen und klicke mit der Maus auf das blaue »E«-Symbol. Sofort öffnet sich ein Fenster mit der Suchmaschine. Vor langer Zeit habe ich sie einmal als Startseite gewählt. Ein Zeichen? Bestimmt! Über den Suchbegriff, den ich eingebe, muss ich lächeln: »Langeweile«. Jedenfalls finde ich ihn sehr passend für meine Gemütsverfassung. Schnell drücke ich auf »suchen«, und als ob der Explorer es mit mir aufnehmen wollte, findet er in rekordverdächtigen 0,05 Sekunden seine Ergebnisse. Da fragt man sich doch: Wer benutzt hier noch Wörterbücher oder Lexika?! Andererseits können es bei dieser Zeit wohl kaum mehr als fünf Treffer sein. Denkste! Ich erlebe den Schrecken meines Lebens, als ich die Zahl sehe: 2.310.000! Wörterbücher und Lexika – was ist das bitteschön? Woher nimmt er diese Kraft? Dabei handelt es sich bei meinem Computer gerade um ein kästchengroßes Etwas, welches problemlos in einen Koffer passt. Und mein Monitor? Quadratisch, praktisch – gut. Ja, die Anzahl der Ergebnisse finde ich wirklich gut. Ich schiebe mir ein Stück meiner Lieblingsschokolade in den Mund, lasse es auf der Zunge zergehen. Die Zahl muss man sich erst mal vorstellen; für viele ist das tatsächlich selbstverständlich.

Ich schaue wieder auf die Ergebnisse. Langeweile ist doch eigentlich ein langweiliges Thema – ob wohl noch andere Langeweile hatten, um dann eine Seite über Langeweile zu verfassen? Wie langweilig! Und dabei kostet es dann auch noch etwas, so eine Seite zu erstellen. Manche Menschen kann man wahrhaftig nicht begreifen. Aber ich habe auch schon von Leuten gehört, die im Internet leben – ja, leben. Das ist ihre Welt. Und wenn man bedenkt, was man heutzutage dort alles anstellen kann, klingt das gar nicht mehr so unglaublich. Es gibt Einkaufsmöglichkeiten, Onlinebanking, Freizeitaktivitäten (man denke nur daran, wie Ballsportarten allmählich das World Wide Web erobern; ich habe Seiten gesehen, wo der Surfer Minigolf, Tennis und Skispringen spielen und – na ja, surfen kann.), Wege der Wissensbeschaffung, jene blitzschnellen Lexika, die ihre papiernen Vorgänger richtig alt aussehen lassen, und Chats, Orte an denen man Freunde treffen und kennen lernen kann. Eine praktische Sache, besonders wenn man wenig Zeit hat. Aber sollte man für Freunde nicht immer Zeit haben? Oder sollte Freundschaft wirklich zu einer imaginären Sache im Internet verkommen? Imaginär deshalb, weil man sich nicht sieht, sich nicht gegenübersteht, nicht reden kann. Mancher gnadenlose Surfer würde jetzt vielleicht zu bedenken geben, dass man ja schreiben könne. Aber wer schreibt, verstellt seine Persönlichkeit. Und das weiß insgeheim jeder, der schon mit dem Chatten Erfahrung hat. Man weiß also nie, wer diese »Blume3« ist, mit der man sich doch so gut versteht. Möglicherweise ist sie ein Er und statt 15 Jahren, wie sie/er doch immer betont hat, gerade einmal zwölf. Es ist alles möglich.

Und dies ist auch schon fast zum Werbespruch des World Wide Web geworden. Wer es heute nicht nutzt wird schief beäugt. Niemand kann es fassen, dass diese Person noch Lexika benutzt und Briefe schreibt. »Es gibt doch E-Mails«, würden sie sagen. Recht haben sie. E-Mails sind wohl die bedeutsamste Erfindung, seit es das Internet gibt. Sie sind schnell zu schreiben, schnell zu senden und schnell zu empfangen. Und dabei kostet es im Gegensatz zum Brief erstens keine Minute Zeit und zweitens keinen Cent. Was will das moderne Großmaul mehr? Apropos E-Mail: Ich erwarte doch noch eine Nachricht von meiner Freundin. Mit einem Mausklick bin ich von der zweimillionenfachen Langeweile weg und reite auf der nächsten Welle zu meiner Mail-Seite. Im Internet ist man halt immer sehr mobil, manchmal zu sehr. Alles geht ruck zuck, und ehe man sich versieht, hat man ein riesiges Chaos angestellt. Die Seite ist schnell geladen, und schnell sind der Benutzername und das Passwort eingegeben. Meines besteht aus Zahlen *und* Buchstaben. Das ist einfach die sicherste Methode, um sich vor Hackern zu schützen. Wirklich fiese Leute. Es gab eine Zeit, da war mir das Internet noch eine neue Welt, und ich war besessen davon, mir endlich meine eigene E-Mail Adresse einzurichten. Klug, dass das Passwort eine gewisse Ähnlichkeit mit meinem Benutzernamen hatte. Ich konnte nicht bis zwei zählen, da konnte ich mich schon nicht mehr anmelden. Hacker. Abscheuliche Leute.

Endlich ist die Seite geladen, und ich schaue sofort in mein Postfach. Gähnende Leere bis auf – ja, da ist eine E-Mail. Leider scheint sie nicht von meiner Freundin zu sein, aber dennoch; die Neugier steigt in mir auf wie die Flüssigkeit im Fieberthermometer in siedendem Wasser. Wer schreibt mir wohl etwas? Nichts ahnend öffne ich die Nachricht und erkenne als geübtes Auge auf den ersten Blick den Anhang. Nett, er heißt »Hallo!«. »Hallo!«, sage ich, drücke auf »speichern«. Doch ehe ich »tschüs« sagen kann, scheint sich der Anhang auch schon verabschieden zu wollen. Ein kurzes allwissendes Knacken des Computers, dann verfärbt der Monitor sich schwarz und steht vor mir wie ein klaffendes Loch. Toll. Ich hasse Viren. Ich hasse Hacker. Ich hasse das Internet. Was hatte ich eben über Lexika und Wörterbücher gesagt? Ich liebe sie!

Tricks und Tipps für junge Schreibtalente

Was haben Menschen, die Geschichten schreiben, mit Fußballspielern oder Balletttänzerinnen gemeinsam? Nun – sie trainieren. Manchmal sehr intensiv. Während die einen an Sätzen, Worten und Buchstaben feilen, üben sich die anderen im Dribbeln, dem Schuss aufs Tor oder perfektionieren Spitzentanz und Pirouetten. Das ist richtig Arbeit, es verlangt eine Menge Energie und Zeit. Wer in der Bundesliga spielen will, schafft das nicht von heute auf morgen, auch eine Primaballerina kommt nicht im Spagat auf die Welt.

Genauso geht es Autoren. Irgendwann beginnen sie, für sich und andere zu schreiben, und nur wenige Texte gelingen auf Anhieb. Einigen fehlt der interessante Anfang, anderen ein überzeugendes Ende, wiederum andere machen es ihren Lesern in der Mitte des Textes schwer. Du weißt inzwischen, wie man zu einer Geschichte kommt, kannst Personen darstellen, die ihre fünf Sinne einsetzen, und du lässt sie denken. Du hast Beispieltexte gelesen, auch solche, für die ein Thema vorgegeben ist. Nun fragst du dich: Wie schaffe *ich* es, dass *meine* Geschichte anderen Lesern gut gefällt? Im letzten Teil des Buchs befassen wir uns mit Stolpersteinen, wie sie Teilnehmern meiner Schreibgruppen immer mal wieder begegnen.

◆ Anfang, Ende und Aufbau von Geschichten

Eine gute Geschichte verführt sofort zum Lesen, andere Geschichten erscheinen uns von Anfang an langweilig. Woran liegt das? Und wie kann der Autor das vermeiden?

Es kann an der Einleitung, den ersten Sätzen liegen, daran, dass ein Text fade daherkommt. Da dehnen banale Beschreibungen die Geschichte (»Es war ein schöner Sonnentag …«), man muss sich durch eine überflüssige Vorstellung kämpfen, wie: »Diese Geschichte handelt von …«, »Ich erzähle euch heute von …« oder gar irreführende Erklärungen wie »Es war einmal …«, worauf eine Gruselgeschichte folgt, obwohl jedes Kind weiß, dass nach diesen drei Worten eigentlich ein Märchen erzählt wird.

Beginne mit einem ungewöhnlichen Einstieg! Halte dich nicht mit umständlichen Erklärungen auf! Leg los. Spring in die erste Szene hinein. Vielleicht beginnst du mit einem Dialog, mit direkter Rede? Lass die Hauptperson gleich auftreten und steig mit Hilfe der »fünf W« in die Handlung der Geschichte ein:

Wer?	Wann
Was?	Warum
Wo?	

Hat der Leser erst einmal begonnen zu lesen, will er durch ungewöhnliche, spannende Ereignisse, Personen und Ideen überrascht und fasziniert werden. Er erwartet etwas, das er so, wie du es darstellst, noch nicht kannte.

Deshalb lässt du ihn mit deiner Fantasie um viele unbekannte geheimnisvolle Ecken sehen, den Blick nicht nur nach vorne, nach oben und unten, sondern auch hinter dich gerichtet. Finde ungewöhnliche Perspektiven. Vergiss auch die Logik nicht dabei. Wenn der Leser glauben soll, dass dein Tiger Vegetarier ist, musst du ihn davon überzeugen, indem du es ihm erzählst, indem es im Dialog erwähnt wird oder aus der Handlung eindeutig hervorgeht.

Achte auf die Entwicklung deiner Geschichte. Langweilig und öde wird sie, wenn Dinge sich wiederholen, zu viele Sätze das Gleiche ausdrücken, die Geschichte nicht vorankommt. Sie wird aber auch langweilig, wenn alle immer nur nett sind.

Deshalb: Trau dich, deinen Personen Probleme aufzubürden. Stürze sie in Konflikte. Verwickle sie in Streit. Menschen wollen von Krisen lesen, davon, wie jemand sich aus einer scheinbar ausweglosen Situation befreit, wie er Herausforderungen clever meistert. Entwickle Spannung und löse sie zum Ende hin so auf, wie es für deine Personen glaubwürdig erscheint.

Wo wir gerade dabei sind: Ende gut, alles gut?

Natürlich ist es ein schönes Gefühl, wenn es am Ende gerecht zugeht, wenn sich alle versöhnen. Aber denke auch über eine Überraschung nach, über ein rätselhaftes Ende. Oder über ein trauriges.

Verdirb deine Geschichte nicht mit Sätzen wie »Dort sitzt er noch immer und wartet darauf …« oder »Das war die ganze Geschichte von …«. Hab keine Angst vor dem Schluss deiner Geschichte. Er ist ja dein Ziel. Und probiere auch einmal völlig verschiedene Alternativen zu dem geplanten Schluss deiner Geschichte aus, das machen viele Berufsschriftsteller.

◆ Lilly Lotteriefee, Hans Kanz – Personen und ihre Namen

Eines Tages setzte sich ein Name auf meine Lippen, er flog mir einfach so zu: Gregor Marzipani. Ich murmelte ihn ein paar Mal vor mich hin und merkte, wie er mich beschäftigte und eine Person Gestalt annahm, wie ein Geist aus der Flasche. Ich stellte mir einen Zirkusdirektor vor. Nicht besonders groß gewachsen, aber mit einer großen Idee im Herzen, die ihm hilft, eine bunte Truppe aus russischen Messerwerfern, chinesischen Reitern, einer in rosa Tüll gekleideten Seiltänzerin und einem buckeligen Ziegendompteur zusammenzuhalten. Als Zirkusdirektor hat man es nicht immer leicht, und genau da beweist dieser Mann seine wahre Größe: indem er immer wieder neue Probleme meistert. Er besitzt den Mut eines Löwen, wenn es darauf ankommt, er ist weich und zeigt Gefühl, wenn es um seine Truppe geht. Bald wusste ich, wie dieser große kleine Mann wirklich hieß: Leo Marzapane. Leo kommt von Löwe, und Marzapane heißt im Italienischen eine süße Mandelmasse, das Marzipan. Irgendwann werde ich die Geschichte von Leo Marzapane schreiben.

Du siehst, ein Name kann dich, ebenso wie Gegenstände, Tiere und Menschen (ein blauer Rucksack, der gelbe Hund, eine traurige Mutter, ein gestresster Vater, ein fußballbesessener Junge) zu Ideen anregen. Oft wird sich auch zuerst eine Geschichte in deinem Kopf entwickeln, und dann erst kommt die Frage nach den Namen. Bei manchen Figuren in deinen Geschichten genügt es, wenn du für sie allgemeine Begriffe benutzt: die Schwester, der Postbote, der Polizist, die Sportlehrerin ..., häufiger wirst du jedoch auf Namenssuche gehen.

Bestimmt hast du schon Figuren, Puppen oder anderen Dingen, die dir besonders lieb sind, selbsterfundene Namen gegeben. Ich nannte zum Beispiel mein Jugendfahrrad »Kito«, manche geben ihrem Auto liebevoll einen Namen, Millionen Haustiere tragen fantasievolle Namen, und wie lange denkt die ganze Familie nach, wenn ein Baby kommt!

So wird es dir auch mit den Namen für die Figuren in deinen Geschichten ergehen. Dabei hast du viele Möglichkeiten. Es gibt zeitgemäße, fremdländische und altmodische Namen und solche, die gerade besonders beliebt sind. Verwandte, Freunde, Klassen- oder Vereinskameraden heißen Lukas, Maximilian oder Alexander, bei den Mädchen trifft man häufig auf Anna, Julia und Sophie. Diese Namen kannst du auch in deinen Geschichten verwenden – etwas Besonderes sind sie aber nicht.

Besondere Namen findest du in speziellen Namensbüchern. Wenn ihr selbst keins zu Hause habt, frag deine Nachbarfamilie, oder du gehst in eine Leihbücherei. In solchen Büchern liest du so blumige Namen wie Anemone, Iris oder Viola oder für Männer Namen wie Pinkus oder Hyazinth, deren Herkunft auch erklärt wird.

Könnten so ungewöhnliche Namen zu deinen Personen passen? Wahrscheinlich nur ausnahmsweise. Denn gerade Namen sollten sorgfältig ausgewählt werden, weil sie zu den Figuren, der Geschichte und der Umgebung passen müssen.

Achte auch darauf, dass es in deiner Geschichte keine Verwirrung durch ähnlich klingende Namen gibt. Mit einer »Lara« und einer »Laura« im selben Text machst du es deinen Lesern schwer, die beiden auseinanderzuhalten. Deshalb sind Namen, die sich eindeutig unterscheiden lassen, besser.

Manche Geschichten gewinnen den Leser durch Spitznamen, die etwas über die Eigenschaften der Personen verraten, beispielsweise »Kick« für den Mitschüler, der bereits in der Jugendfußballliga erfolgreich spielt, oder »Schnecke«, die ständig spät dran ist.

Denk dir lustige Namen aus für Helden oder ständige Unglücksraben. Spiele ein Spiel mit Worten und Buchstaben und hör dabei auch auf den Klang: Lilly Lotteriefee, Hans Kanz, Dorette Brettreich.

Namen bleiben in Erinnerung, wenn sie wirklich gut zur Darstellung der Figur und zum Zusammenhang der Geschichte passen. Denk an »Pippi Langstrumpf«, die tatsächlich bunte, lange Ringelstrümpfe trägt und eigentlich Pippilotta Viktualia Rollgardina Pfefferminz Efraimstochter Langstrumpf heißt. »Asterix«-Figuren wie »Majestetix« und »Miraculix« verraten schon durch ihre Namen etwas über die Stellung ihrer Namensträger.

»Micky Maus« und »Kater Karlo«, »Donald Duck« und »Gundel Gaukelei«, »Peter Pan«, »Paulchen Panther« und »Benjamin Blümchen« – sie alle haben etwas gemeinsam: Ihre Vor- und Nachnamen beginnen mit dem gleichen Buchstaben (das ist ein literarisches Stilmittel, das man »Alliteration« nennt).

»Prinzessin Morgenröte« und »Prinz Abendglanz« könnten zwei Figuren heißen, die füreinander bestimmt sind, aber nur schwer und auf Umwegen zueinander finden – vielleicht, weil ihre Verwandlung zum Mensch immer nur zu verschiedenen

Tageszeiten stattfindet? Oder weil »Prinzessin Morgenröte« nur morgens ausgeschlafen und gut gelaunt ist, während »Prinz Abendglanz« erst nach 22 Uhr munter wird?

Fang gleich an und nutze den Reichtum deiner Fantasie, lass dir originelle Namen einfallen, die man nicht vergisst.

◆ Artenreiche Welt – deine Tiere

Weißt Du, dass es über 1,5 Millionen Tierarten auf der Erde gibt? Erstaunlicherweise tauchen viele dieser Tiere niemals oder nur selten in Geschichten auf. Meist begegnet man Pferden, Hunden und Katzen. Richtig tierisch geht es dagegen in Märchen oder Fabeln zu! Frösche, Hasen, Füchse und Wölfe treffen auf Raben, Gänse, Läuse und Flöhe. In Filmen von Walt Disney tummeln sich die verschiedensten Arten, und auch bei *Biene Maja* summt, brummt, saust und krabbelt es mächtig. Wäre das nichts für dich?

Natürlich darfst auch du über Katzen, über Pferde und Hunde schreiben. Nur solltest du dir bewusst sein, dass Geschichten über diese Tierarten bereits ganze Bücherregale bevölkern. Für dieses Buch hier steht ein Tiger Pate, außerdem begegnen dir Würmer, Vögel und ein paar Spinnen. Die Geschichte »Vom kleinen Maulwurf, der wissen wollte, wer ihm auf den Kopf gemacht hat« wurde bereits erfunden und hat großen Erfolg. Welches andere und besondere Tier könntest du uns noch vorstellen?

Lass in deinen Geschichten Tiere auftreten, wo es passt. Oder widme einem Tier, das alle kennen, eine Geschichte, die deine Leser völlig überrascht. Wie wäre es mit einem Schwein, einer Kuh, die du zu entfernten Verwandten in die Wüste oder ans Meer schickst? Oder umgekehrt: Lass ein exotisches Tier – eine Giraffe, einen Alligator – zu dir, in deine Stadt reisen und versetz dich in dieses Tier hinein, als würdest du in seiner Haut stecken. Gehe auf die körperlichen Eigenarten dieses Tieres ein (Fortbewegung, Temperament, Ernährung) oder gib ihm die Fähigkeiten von Menschen. Denk dir Fantasietiere aus, wie die Tigerente, die es schon gibt. Oder Mischwesen, wie die Sphinx. Mach dich auf, neue Arten zu entdecken.

◆ Die Herzen der Leser gewinnen – Gefühle und Sprache

Der Kern einer Geschichte ist die Handlung. Die Figuren, die du in deinen Texten beschreibst, müssen – wie Menschen im echten Leben – aktiv sein. Sie können sich am Kopf kratzen, auf einem Stuhl hin und her rutschen oder eine zehn Meter hohe Wand streichen.

Aber dem Handeln gehen die Gedanken und Gefühle deiner Figuren voraus. Wer eine Bank ausrauben will, macht sich viele Gedanken vorher, und er hat Gründe dafür, warum er es tun will. Das musst du deinen Lesern vermitteln, sie müssen sich in deine Personen hineindenken und –fühlen können. Deine Hauptperson muss das Herz der Leser gewinnen. Manchmal schaffst du das durch ein paar einzelne Sätze, es können aber auch Gedanken offenbart werden, die ganze Absätze füllen.

Eine solche indirekte Erklärung für den Leser ist dann besonders wichtig, wenn deine Hauptfigur in einer Krise steckt, den Mut verliert, aufgeben muss oder ein tragisches Ende nimmt. Deine Leser wollen mit-leiden und verstehen, warum der Held in deiner Geschichte in einer ausweglosen Lage ist.

Du kannst sogar einem »Bösewicht«, dem »Schurken des Stücks«, sympathische Züge geben – denke an Robin Hood, der eigentlich als Räuber ein Verbrecher ist und trotzdem unsere Sympathie besitzt, weil er den Armen helfen will.

Durch Dialoge in direkter Rede kannst du deinen Lesern zusätzliche Informationen über die Personen und die Handlung vermitteln. Gebrauche dazu aber nur sparsam Umgangssprache oder Dialekt, auf dem Papier wirkt das viel stärker als gesprochen, und oftmals klingen solche Dialoge einfach unecht.

Zur Umwelt oder Umgebung deiner Geschichte gehört: die Beschreibung von Landschaften, Straßen, Räumen, Gegenständen und Menschen. Folge dem Blick deiner Figuren in die Nähe und Ferne. Lass sie Geräusche und Gerüche wahrnehmen, frösteln und schwitzen. Der abgenutzte Teppichboden im Klassenzimmer, der rosige Schimmer auf den Wangen der Nachbarsfrau, die sich über den Gartenzaum lehnt – solche Beobachtungen und Beschreibungen gehören mit in gute Geschichten. Krimiautoren platzieren oft kleinste Details als wichtige Hinweise für die Entwicklung der Geschichte oder ihre spätere Auflösung: mit Staub bedeckte Schuhe, das nervöse Zucken in einem Gesicht, der abgerissene Knopf, das Klimpern in einer Handtasche, der Veilchenduft einer Frau.

Und das kannst du dir auch ausdenken.

◆ Alles »gut« und »schön« – oder genau und konkret?

Felix lernt Katharina kennen, und sie lädt ihn zu sich ein. Er steht mit einem Strauß Tulpen vor der Tür und erwartet, dass sie sich freut. Doch sie hat nur ein flüchtiges Dankeschön übrig, steckt die Blumen achtlos in eine Vase und fragt, mehr höflich als nett, was er trinken wolle, überhaupt: Sie erscheint ihm unerwartet distanziert. Was ist passiert?

Es ist das zweite Treffen der beiden, und mehr wird es wohl nicht geben. Denn Katharina hatte beim ersten Treffen beiläufig gesagt: »Ich mag Rosen und Nelken, nur Tulpen, die mag ich gar nicht.« Dass Felix so unaufmerksam war, fand Katharina ziemlich oberflächlich.

Auch beim Schreiben darfst du nicht oberflächlich bleiben, vermeide ungenaue Begriffe, Gemeinplätze, Banalitäten und Phrasen. Speise deine Leser nicht mit Blumen, Vögeln, Rot und Blau ab. Schenk ihnen Lilien und Usambaraveilchen, Schwalben und Tauben, Kirschrot und Ozeanblau – wie es zu deinen Geschichten passt.

Der Textentwurf einer jungen Autorin lautete:

In einer Woche ist Weihnachten. Lisa und Lena [...] backen Zimtsterne, Kekse und Kuchen ...

Daraus wurde genauer und informativer:

In einer Woche ist Weihnachten. Lisa und ihre Schwester Lena […] backen Zimtsterne, Vanillekipferl und Linzer Torte.

Unerfahrene Autoren benutzen meist blasse und kraftlose Wörter, und die auch noch zu oft. Es sind Begriffe aus dem Alltag, die gerade in sind und die häufig in Gesprächen untereinander benutzt werden. Solche Wörter sagen inhaltlich wenig aus. »Schön« ist so ein beliebtes Wort, außerdem »fantastisch« oder »gut«. Dem Leser sagen diese Worte nichts Genaues, er muss also selbst nach dem suchen, was gemeint ist, und kann sich dabei etwas ganz falsches denken. Weil jeder Mensch solche vielgebrauchten Wörter für sich ganz anders deutet, riskiert der Autor, dass seine Aussage unklar und oberflächlich bleibt.

Nehmen wir zum Beispiel »schön«:

Meine Ferien sind schön, schreibt Paul auf eine Urlaubskarte an seinen Freund. Er meint das warme Wasser und dass er zum ersten Mal auf einem Surfbrett steht, was ihm viel Spaß macht.

Antonia dagegen schreibt: *Meine Ferien sind schön*, weil sie sich freut, dass sich ihre Eltern in diesem Urlaub wieder versöhnt haben.

»Die Braut sah sehr schön aus«, schwärmt Saskia nach einer Hochzeit, und Saskias Großmutter stellt sich eine Braut mit Schleier und im weißen, langen Kleid vor. »Nein«, widerspricht Saskia, »das Kleid war rot, vorne kniekurz und hinten bodenlang.« Am wundervollsten jedoch sei der tellergroße Hut gewesen mit unzähligen roten Federn, herzrot wie das Kleid. Die Großmutter schüttelt den Kopf: »Unter schön hab ich mir was anderes vorgestellt!«

Schön ist, was du als schön beschreibst – ohne das Wort »schön« zu gebrauchen. Das gilt auch für »hässlich« und viele andere allgemeine und ungenaue Begriffe.

Ersetze in den folgenden Sätzen die kursiv (schräg) gesetzten Worte durch eigene, genau beschreibende:

> Die Frau *sah sehr schön* aus.
>
> Die Wiese war *schön*.
>
> Zu Hause erwartete sie *eine schöne Bescherung*.

Nun weißt du, dass eine Frau mit milchfarbener Haut, die in einer Wiese voller blühendem Klatschmohn und Margariten steht, etwas Schönes ist. Der Anblick, nachdem eine Schüssel mit Spagetti Bolognese auf dem lindgrünen Teppich im Wohnzimmer gelandet ist, dagegen nicht.

◆ Titel und Überschriften – Verführung zum Lesen

Angenommen, du willst an einem Schreibwettbewerb zum Thema »Glück« teilnehmen. Du hast bereits einen Text geschrieben, in dem es um Glück geht. Du rechnest dir eine Chance aus, tippst alles in den Computer, schreibst zuletzt den Titel »Glück« darüber. Und dann fällt dir plötzlich etwas auf. Richtig: Dein Titel ist alles andere als einfallsreich und interessant. Schließlich soll deine Geschichte der Jury auffallen. Das wird sie kaum, wenn sie wie sicher viele andere Einsendungen einfach nur »Glück« heißt.

Ein Titel einer Geschichte ist wie die Tür zu einem Haus, in dem es lustig, gespenstisch, trübsinnig oder langweilig zugehen kann. Ein Besuch in diesem Haus kann einladend, spannend oder sogar unheimlich sein. Es kann aber auch todlangweilig werden, und der Besucher verlässt das Haus ganz schnell wieder. Ähnlich ist es mit dem Titel deiner Geschichte. Er soll den Leser einladen, sich für deine Geschichte zu interessieren, und ihn davon überzeugen, dass er anfängt, sie zu lesen.

Der Titel soll neugierig machen, darf aber nicht zu viel verraten oder gar den Inhalt preisgeben. »Lara versöhnt sich mit Clara« – das wäre ein Titel, bei dem keine Spannung mehr bleibt, denn man weiß schon, wie die Geschichte ausgeht.

Darum streng dich an und lass dir bei der Wahl des Titels etwas einfallen. Das ist nicht immer einfach. Wenn du Redakteur bei einer Zeitung wärst, müsstest du jeden Tag neue Titel und Schlagzeilen für Berichte und Reportagen finden. Wären die Schlagzeilen ähnlich, würden die Leser glauben, sie hätten den heutigen Artikel von vorgestern gesehen, das Interesse verlieren und schließlich die Zeitung abbestellen.

Jetzt, wo du weißt, wie wichtig der Titel ist, wie sorgfältig gewählt und originell er sein sollte, fällt es dir vielleicht erst recht schwer, einen guten zu finden. Dann geht es dir nicht anders als vielen Autoren. Aber tröste dich: Sobald du mehr Übung hast, wird es dir leichter fallen, richtig gute Titel auszudenken. Manchmal findest du erst den richtigen Titel, nachdem du deine Geschichte beendet hast. Auch das ist wie in einer Zeitungsredaktion: Dort wird der Aufmacher zwar schon auf der Redaktionskonferenz vorgestellt, aber endgültig wird erst bei Redaktionsschluss entschieden, welche Schlagzeile die Titelstory haben wird.

◆ Dein bester Freund – der Kritiker

Du hast eine Geschichte geschrieben, bist stolz darauf und glücklich, weil sie dir gefällt. Du liest sie jemandem vor, und der sagt: Gut, das gefällt mir! Und du fühlst dich bestätigt. Vielleicht reichst du deine Geschichte bei einem Wettbewerb ein und hoffst jeden Tag auf einen positiven Brief oder eine E-Mail? Nichts kommt. Dabei war der Text doch gut, das hat dir doch auch ein anderer bestätigt! Du bist enttäuscht und willst nie wieder etwas wegschicken, es wird ja doch nichts daraus. Ehe du zu dieser Einstellung kommst, such dir einen guten Kritiker.

Aber was ist ein guter Kritiker?

Er (oder natürlich sie) ist ein unbestechlicher Leser und gleichzeitig hilfreich wie ein Freund. Er motiviert dich wie ein Trainer und sagt dir trotzdem, was er nicht gut findet und warum. Er weist dich auf sachliche oder logische Fehler hin, sagt dir, was er als Leser nicht versteht, was ihm verwirrend oder widersprüchlich erscheint. Du wirst ihn wegen seiner Aufrichtigkeit schätzen lernen, denn er wird nicht einfach behaupten, etwas sei »gut« oder »schön«, er wird dir sagen, was diese Worte für deinen Text bedeuten, wo es noch Schwachstellen gibt, wo du Wörter, Sätze oder Absätze überdenken solltest, vielleicht auch ändern musst. Wenn er sich auch noch in Grammatik und Rechtschreibung gut auskennt, dann ist er der ideale Kritiker.

Ehrlich gesagt, so ein Kritiker ist schwer zu finden. Ich selbst lege oft Texte gleich zwei Bekannten vor: Die eine befasst sich mit Stil und Inhalt, während der andere ein wahrer Luchs ist, wenn es um Satzzeichen oder Grammatikfehler geht.

Vielleicht schließt du dich einer Gruppe junger Autoren an – die gibt es schon an vielen Orten. Dort stellen junge Schreibtalente ihre Texte vor und lernen dabei, auch andere Meinungen akzeptieren. Du entwickelst ein Gespür dafür, wie du deine eigenen Texte kritisch liest. Außerdem erfährst du, dass du mit den verschiedenen Schwierigkeiten beim Schreiben nicht alleine zu kämpfen hast. Auch anderen Autoren misslingt der Anfang, oder sie haben ein Problem, den richtigen Titel zu finden. Andere merken nicht, wie sie beim Erzählen unbeabsichtigt von der Gegenwartsform in die Vergangenheit wechseln, gebrauchen Verben falsch oder sind in Dialogen in der direkten Rede nicht sicher.

Bevor du jemanden bittest, dein Kritiker zu sein, prüfe deinen Text selbst noch einmal sorgfältig: die Personen, Handlung und Logik. Was du schreibst, muss sachlich stimmen, nachvollziehbar und logisch sein. Wenn sich deine Hauptperson das Bein bricht und kurz darauf einen 4000-Meter-Berg besteigt, wird das jedem Leser auffallen, und er wird an dir als Autor zweifeln. Ist etwas ganz offensichtlich reine Erfindung – wie der Tiger, der ein Vegetarier ist – dann erklärst du das ganz selbstverständlich im Text:

> Der Tiger ging einen schmalen Weg entlang.
> Er folgte dem Duft eines Apfels, den jemand verloren haben musste. Es handelte sich nämlich um einen ganz besonderen Tiger, einen, der kein Fleisch fraß, und alle Tiere im Wald wussten davon …

Rand- oder Nebenfiguren, die für die Handlung nicht wichtig sind, aber irgendwann im Text mitreden und handeln, um anschließend ohne jede Erklärung zu verschwinden, solltest du ganz streichen. Frage dich, ob es dir gelungen ist, die Personen in deiner Geschichte wirklich lebendig zu machen. Sind die Hauptfigur und ihr Gegenspieler durch Gedanken und Gefühle überzeugend dargestellt, oder nehmen die Nebenfiguren zu viel Platz ein?

◆ An Wettbewerben teilnehmen – Texte einsenden

Wenn du deinen Text bei einem Schreibwettbewerb einreichen möchtest, solltest du dich unbedingt an die Einsendebedingungen halten. Sie sagen dir, welche Art Texte, zum Beispiel Kurzgeschichte oder Gedicht, ein Krimi, eine Fantasy-Geschichte, erwartet werden und ob es ein bestimmtes Thema dafür gibt. Außerdem erfährst du, wie viel Seiten du schreiben darfst, zum Beispiel maximal fünf Seiten.

Wenn sonst nichts anderes angegeben ist, dann heißt das für dich:

> Schreibe auf das Deckblatt (das erste Blatt) unter den Titel deiner Geschichte deinen Namen, Post- und E-Mail-Adresse, Telefonnummer und Geburtsdatum.

> Nummeriere alle Seiten.

> Schicke nur einseitig beschriebene Seiten. Achte darauf, wie viel Kopien du senden sollst (es werden oft mehrere Kopien für die Jury verlangt). Behalte aber immer dein Original!

> Lege ein kurzes Begleitschreiben bei und bitte um eine Antwort. Hast du schon einmal einen Text veröffentlicht, dann führe auf wo und welche Art von Text es war.

Kennst du den Begriff *Normseite* bei Manuskripten? Die Normseite hat den großen Vorteil, dass du sie am Computer nur einmal einrichten musst und immer wieder benutzen kannst, indem du neue Texte unter einem anderen Dateinamen speicherst. Für

Wettbewerbseinsendungen werden die üblichen Normseiten erwartet. Verwende als Schriftart *Arial*, *Courier New* oder *Times New Roman*. Richte den Seitenrand so ein, dass eine Zeile durchschnittlich 60 Anschläge mit Leerzeichen hat und eine Seite 30 Zeilen, also 1800 Zeichen pro Seite. Üblich ist Schriftgröße 12pt, selten wird 11pt verlangt. Der Zeilenabstand beträgt 1,5 Zeilen.

Vielleicht hast du die erste Fassung deiner Geschichte mit der Hand geschrieben. Handschriftliche Einsendungen sind aber out, ja sogar mega-out. Kein Leser in einer Jury oder im Verlag hat heute die Zeit, charaktervolle Krakeleien zu entziffern. Selbst Schönschrift hilft da nicht. Deshalb denke rechtzeitig daran, wie du ein maschinegeschriebenes Manuskript vorlegen kannst, eventuell wird auch eine Diskette oder eine CD verlangt, seltener eine Einsendung per E-Mail.

Übrigens: Mache dir keine Mühe mit Bildchen und Illustrationen, es sei denn, sie sind ausdrücklich erwünscht – sie lenken nur vom Text ab.

Hast du keinen eigenen Computer, dann kann dir vielleicht eine Freundin oder ein Freund helfen. Vielleicht gibt es in deiner Schule Computer? Auch in Bibliotheken gibt es Computerplätze, in denen man etwas ausdrucken oder im Internet Informationen suchen kann.

Du hast noch nie am Computer geschrieben? Dann wird es aber Zeit! Für dieses erste Mal kannst du vielleicht eine willige Seele finden, der du deinen Text diktierst. Wer ihn für dich tippt, tut dir einen großen Gefallen und hat einen Wunsch frei bei dir!

Und nun brauchst du für deine Wettbewerbseinsendungen nur noch eins: Glück. Dein wunderbarer, ungewöhnlicher Text muss zum richtigen Zeitpunkt am richtigen Ort bei dem, der auswählt, richtig gut ankommen. Ich wünsche dir schon jetzt dieses Glück!

◆ Weitere Schreibspiele zum Üben

Erwachsene gründen Firmen, gründe du deinen eigenen Schreib-club! Organisiere regelmäßige Treffen (einmal im Monat oder in den Ferien). Wähle Schreibspiele aus diesem Buch aus, und los geht's! Lest eure Texte kritisch, diskutiert und überarbeitet sie. Und dann nehmt ihr an Schreibwettbewerben teil!

Hier noch ein paar Schreibspiele, die dir vielleicht weiterhelfen und Spaß machen:

> Nimm einen Kalender oder ein Buch mit Aphorismen, Sprich-wörtern oder Bauernweisheiten, suche dir einen Spruch aus und schreib darüber.

> Gehe an deinen Kleiderschrank. Stell dir vor, ein Fremder würde eines deiner Kleidungsstücke tragen. Wohin würde die Person gehen, was könnte passieren?

> Wähle eine Farbe und sieben Dinge in dieser Farbe, die du in deiner Umgebung entdeckst. Lass eine Schnellschreibge-schichte daraus entstehen.

> Suche irgendeinen Tag im Jahr aus. Stell dir vor, dass es ein ganz besonderer Tag ist, vielleicht ein Feiertag in (d)einem Dorf, in (d)einer Stadt, in Deutschland oder in einem Fanta-

sieland. Was könnte der Anlass sein? Wie könnte dieser Feiertag heißen? Schreib darüber eine Geschichte.

> Gehe an Orte, wo du viele Menschen siehst. Achte darauf, dass dir manche Personen auf den ersten Blick unangenehm sind, andere wiederum sympathisch. Warum ist das so? Woran erkennst du, dass jemand fröhlich, ein anderer traurig ist? Höre zu, worüber diese Menschen reden und in welchem Ton. In welcher Sprache (Hochdeutsch, Jugendsprache, Dialekt, gebrochenes Deutsch) unterhalten sie sich? Achte auch auf ihre Körpersprache und die Mimik ihres Gesichts. Beschreibe deine Eindrücke. Ersetze Beobachtungen und Gesprächsteile, die fehlen oder an die du dich nicht mehr erinnern kannst, durch eigene Ideen.

> Schreib eigene Dialoge in direkter Rede und wage dich auch an Streitgespräche heran. Am Ende lass deine Personen sich wieder versöhnen oder sich (enttäuscht) trennen. Stell dir einfach vor, du würdest in Ruhe mit einem Freund/einer Freundin Musik hören wollen, und ihr werdet dabei von einem kleinen Bruder oder der jüngeren Schwester gestört.

> Bist du bei einem Anruf schon einmal an die falsche Person geraten? Lass eine Person sich in einer Telefonliste (des Sportvereins, der Schule, der Messdiener, in den Gelben Seiten) vertun, sie am anderen Ende plötzlich die Stimme von jemandem hören, den sie zwar kennt, aber niemals angerufen hätte: weil man sich nicht mag, ein Vorfall einen auseinanderbrachte, man sich vielleicht richtig zankte. Entwickle ein hit-

ziges Gespräch und lass es damit enden, dass beide sich verabreden.

> Bilde Dialoge, bei denen du versuchst, die Personen so sprechen zu lassen, dass du Anweisungen wie: fragte ich, antwortete er, sagte sie, brüllte der Mann in die Runde ... völlig wegfallen lassen kannst.
Der amerikanische Autor William Gaddis hat einen Wirtschaftskrimi geschrieben, der auf über 1.000 Seiten diese extreme Dialogweise benutzt. In dem Buch baut ein elfjähriger Junge ein milliardenschweres Finanzimperium auf. Du kannst dir vorstellen, dass es spannend ist, herauszufinden, wer wann spricht, und um was für Personen es sich handelt.

»Ein Gesicht spricht tausend Bände« sagt man. Im Süden von Indien gibt es einen Tanz, der Kathakali heißt und vor allem aus Mimik (Gesichtsausdruck) und Gestik (Körpersprache) besteht. Die grün-rot-schwarz geschminkten Darsteller zeigen dabei stumm Gefühle wie Liebe, Tapferkeit, Mitleid, Ekel, Zorn und Heiterkeit, nur durch ihre Mimik und Gesten. Ein Tänzer, mit dem ich mich vor der Aufführung unterhielt, erzählte mir, dass Ausbildung und Training bis zum ersten öffentlichen Auftritt sechs Jahre dauern. »Das«, würde der Tiger sagen, »kannst du mit einer gut geschriebenen Geschichte früher haben.«

AUTORENVERZEICHNIS

Verena Baumeister: *Die Macht des roten Steines,*
Die Ungeheuer von Schloss Katzenstein

Bastian Frings: *Eine gruselige Mutprobe*

Lou Hecker: *Zu Weihnachten gehört Zimt*

Lea Kaiser: *Ein sensationeller Fund* (Roh- und Endfassung)

Dana Klomfaß: *Die Clique, Kopfüber*

Tim Klomfaß: *Nie wieder Spinat*

Lisa Levermann: *Die Höhle, Eine kleine Geschichte übers Internet*

Alisa Liebchen: *Zwei Geschenke*

Nadine Lüdicke: *Zimtig, kalt und weihnachtlich*

Hannah Mauss: *Der Sprung, Glück gehabt*

Tim Rummel: *Die kleine rote Kugelkerze in der Zukunft*

Caroline Sensen: *JLIC, Spagetti schmecken besser*

Laureen Sturhan: *Die Kobolde, Was sagt der Tiger?*

Friederike Veigl: *Geburtstagskuchen*

Paul Veigl: *Familie Ohnebein zieht um,*
Der Albtraum (Aus: *Die Würmerfamilie*)

Daria von der Weyden: *Ein Hauch von Süden, Linda*

Joana Wokittel: *Daria*

Ich danke den jungen Autorinnen und Autoren, die mir erlaubt haben, ihre Texte in diesem Buch zu veröffentlichen! A.K.

www.was-sagt-der-tiger.de